CLARISSA DE FRANCO

# A CARA DA MORTE

Os sepultadores, o imaginário
fúnebre e o universo onírico

**IDÉIAS &
LETRAS**

DIRETOR EDITORIAL:
Marcelo C. Araújo

EDITORES:
Avelino Grassi
Márcio F. dos Anjos

COORDENAÇÃO EDITORIAL:
Ana Lúcia de Castro Leite

REVISÃO:
Ana Lúcia de Castro Leite
Eliana Maria Barreto Ferreira

DIAGRAMAÇÃO:
Simone Godoy

CAPA:
Vinicio Frezza / Informart

COPIDESQUE:
Bruna Marzullo

© Idéias & Letras, 2010

**IDÉIAS & LETRAS**

Editora Idéias & Letras
Rua Pe. Claro Monteiro, 342 – Centro
12570-000 Aparecida-SP
Tel. (12) 3104-2000 – Fax (12) 3104-2036
Televendas: 0800 16 00 04
vendas@ideiaseletras.com.br
http//www.ideiaseletras.com.br

Dados Internacionais de Catalogação na Publicação (CIP)
(Câmara Brasileira do Livro, SP, Brasil)

Franco, Clarissa de
A cara da morte: os sepultadores, o imaginário fúnebre e o universo onírico / Clarissa De Franco. – Aparecida, SP: Idéias & Letras, 2010.

ISBN 978-85-7698-059-9

1. Imaginário 2. Morte 3. Morte – Aspectos psicológicos 4. Psicologia 5. Rituais fúnebres I. Título.

09-12097                                            CDD-150.198

Índices para catálogo sistemático:

1. Morte: Aspectos psicológicos: Psicologia 150.198

*Dedico estas linhas aos mortos
que ainda se querem vivos.*

# Agradecimentos

Agradeço primeiramente a Deus me auxiliar a manter vitalidade e firmeza, mesmo nos momentos em que alguns projetos iniciais saíram dos trilhos propostos. Também agradeço aos meus pais, Fábio e Erotilde, que me deram subsídios emocionais e ofereceram estrutura para que o dia-a-dia de meus trabalhos se realizasse com mais estabilidade. Sou igualmente grata às minhas irmãs, Íris e Stela, que me auxiliaram em minúcias do trabalho e com boas e esclarecedoras conversas, em momentos-chave da obra e da vida. E ao meu cunhado Iuri, que contribuiu com outras reflexões. Além dessas importantes figuras, agradeço sincera e profundamente ao meu marido e companheiro, Rodrigo, que esteve ao meu lado em situações em que nossos limites éticos e sentimentais foram postos à prova e manteve-se leal, trazendo muitas lições.

À Luciana, sócia e grande amiga, agradeço ter "segurado as pontas" da clínica quando minha ausência foi maior e agradeço também as trocas simbólicas e psicológicas, que me auxiliaram a compreender meu momento e refazer minhas escolhas. Da mesma forma, as amigas Joyce, Diane, Liciana e Keila foram fundamentais nos diálogos, aceitando minha natureza pouco linear.

Sou grata a todos os colegas de mestrado, com os quais construí um grupo com laços que vão muito além do âmbito acadêmico, estendendo-se a um vínculo de proteção, carinho e cumplicidade. Agradeço, especialmente, aos amigos Marina, Angela e Paulo, cujas contribuições à obra e à minha existência foram marcantes, e ao amigo Gê, que acompanhou minha trajetória pessoal, dando suporte à continuidade dos meus aprendizados.

Agradeço ao Programa de Ciências da Religião da PUC/SP, que me acolheu como uma menina curiosa com muito a aprender. Especialmente aos professores Silas, Edênio e Steven, que foram carinhosos e prestativos, e ao meu orientador, Ênio, que cumpriu o real papel de alguém que orienta, respeitando meu próprio tempo de reflexão e elaboração do texto e estando presente emocionalmente, oferecendo suporte de "pai acadêmico".

Finalmente, agradeço à CAPES, que financiou minha pesquisa, possibilitando a realização do trabalho.

# Introdução

A principal tarefa deste estudo é compreender o imaginário que cerca a morte. Tarefa, esta, certamente ampla e complexa, do ponto de vista literário e até como um esforço psicológico, uma vez que o "morrer" envolve concepções pessoais ligadas a universos culturais e simbólicos que muitas vezes são negados ou que incomodam nosso convívio.

Circunscrevendo de modo mais específico o objeto e os objetivos desta obra, procuramos investigar como o imaginário de morte foi se constituindo histórica e psicologicamente até chegarmos aos sepultadores de cemitérios paulistanos, com sua bagagem religiosa e cultural advindas do universo popular brasileiro.

O imaginário compreende um vasto campo que se constitui de crenças, impressões, percepções, sentimentos, reflexões e até mesmo de imagens inconscientes, transmitidas por carga arquetípica, por meio de herança histórica e simbólica, bem como do universo onírico (sonhos). Portanto, o imaginário pode ser compreendido como o "conector" entre os mundos externo e interno do indívíduo, no âmbito simbólico. Essa ideia, presente em Gilbert Durand,[1] norteará nossos estudos no campo da morte. As imagens, os símbolos, as representações e a linguagem são alguns dos elementos de conexão que compõem o imaginário. E por tal motivo são os elementos que focaremos com maior destaque ao pesquisarmos o imaginário fúnebre.

Nossa hipótese principal é que o fato de os sepultadores trabalharem diretamente com a questão da morte do outro faz com que tenham uma atitude religiosa e ideológica peculiar frente à morte. Supunha-se inicialmente que eles vivenciassem em seu íntimo uma exacerbação dos sentimentos, medos e angústias em relação à morte, o que não necessariamente corresponderia à sua atitude exterior. E o campo do imaginário seria o espaço em que acreditávamos poder perceber essas divergências de discurso e de percepções.

Popularmente, aos sepultadores são atribuídos rótulos nada agradáveis, ligados às ideias de sujeira, indiferença, frieza, alcoolismo, e até mesmo de vagabundagem. Sim, esse é o imaginário superficial que cerca os sepultadores e ao qual certamente eles reagem, ainda que no campo inconsciente. A morte parece estar colada a esse grupo de profissionais, que tenta desvincular-se de sua impressão, mostrando que devem ser frios. Afinal, a sociedade espera que os sepultadores não se emocionem com a morte, espera que façam seu serviço em silêncio, sem esboçar reações. Nesse sentido, foi muito mais difícil conversar sobre morte com essa classe de profissionais do que se poderia imaginar. Falar em morte no cemitério parece que dá azar. Na

---

[1] DURAND, Gilbert. *As estruturas antropológicas do imaginário*, 1997.

verdade, abordar esse tema toca em suas defesas psicológicas, armadas para se proteger desse impacto diário com elementos, sensações e fatos desgastantes provocados pelo contato íntimo com a morte. Ao final desse estudo, apesar da enorme barreira visível no contato, frieza certamente não seria uma palavra utilizada para caracterizar os sepultadores.

Também faz parte de nossa hipótese supor que se pode falar em um imaginário arquetípico de morte, que perpassa qualquer sociedade, em qualquer tempo histórico. Pode parecer arrogância ou ingenuidade intelectual; entretanto, não estaremos, com esse pressuposto, negligenciando os aspectos culturais atribuídos à morte em cada grupo social, apenas tomaremos como referência um imaginário "mínimo" de morte, arquetípico, comum à psique humana. Procuramos verificar essa hipótese por meio das correspondências entre as imagens e crenças de diversas matrizes de pensamento com o imaginário dos sepultadores. Por tal motivo, os capítulos foram estruturados de modo a trazer essas matrizes e depois o diálogo com o campo.

Este estudo foi desenvolvido nos anos de 2006 e 2007, com sepultadores de cinco cemitérios paulistanos (Araçá, Consolação, Lapa, Vila Mariana e Vila Nova Cachoeirinha). Também foram ouvidos os administradores desses locais. Basicamente, a pesquisa envolveu entrevistas semidirigidas sobre o cotidiano dos sepultadores, centrando as questões no seu espaço profissional e na sua relação com o cemitério, sempre visando investigar sua percepção e interpretação acerca dos acontecimentos desse local, estabelecendo conexões entre seu mundo psicológico e seu meio cultural.

As entrevistas ocorreram nos locais indicados pelos funcionários dos cemitérios (administradores ou os próprios sepultadores), e muitas vezes sentávamos sobre túmulos ou percorríamos o cemitério, em busca de enriquecer os relatos. Tivemos o cuidado de manter entrevistas de caráter informal, a fim de facilitar o diálogo.

Apesar de cada cemitério ter apresentado peculiaridades no contato, em geral, houve certa resistência inicial à pesquisa, mais bem comentada ao longo do texto. Em alguns cemitérios, principalmente o da Lapa, os sepultadores confundiram-me com alguém da Imprensa, que poderia estar recolhendo informações sigilosas de modo "infiltrado". Esta última expressão foi utilizada por um próprio sepultador, que relatou situações em que esteve exposto a este tipo de abordagem.

Além das entrevistas, também solicitamos durante a pesquisa de campo relatos de sonhos, que, a despeito de terem sido escassos, formaram mais uma importante ferramenta na compreensão do imaginário de morte dos sepultadores.

Uma das premissas dos estudiosos da temática dos sonhos é que estes podem comunicar o modo de compreensão da psique acerca de acontecimentos reais da vida desperta. Considera-se também que os sonhos auxiliam na elaboração e ressignificação desses acontecimentos, oferecendo apontamentos para a vida prática. Diante dessas considerações, partiu-se do pressuposto que seriam encontrados nos sonhos dos sepultadores elementos relacionados à morte, à vivência do cemitério e à experiência do além-vida que pudessem auxiliar na compreensão do imaginário a que estamos investigando. Supunha-se, também, que estes elementos pudessem traduzir algumas imagens e simbolismos da morte em nossa sociedade brasileira, estando relacionados à vivência de nossa religiosidade popular.

Os principais referenciais teóricos utilizados são oriundos

da Psicologia Analítica e da Antropologia da Religião. A primeira serviu de base à compreensão do conceito do imaginário e à analise e compreensão dos simbolismos presentes nos sonhos e em outros pontos dos relatos. A Antropologia auxiliou-nos na compreensão de espaços simbólicos, como o *Além*, do dinamismo de elementos característicos da religiosidade popular brasileira.

A aproximação com o tema veio através da prática profissional da autora, que atua como psicóloga clínica e trabalhou no ambiente hospitalar, o qual proporciona maior intimidade com a morte. Particularmente, esse tema produz certo fascínio em sua história, mas, se verificarmos mais profundamente, é um tema relevante a qualquer ser humano.

Ao tomar contato com leituras sobre o tema, percebe-se que uma grande quantidade de obras sobre morte é desenvolvida diante do impacto de um processo depressivo ou de uma vivência de perda na vida pessoal do autor. Este estudo não foi diferente. E esse dado ilustra como o fato de falar sobre morte faz parte de um mecanismo curador.

O tema é também ambíguo, em essência, pois a despeito dos eufemismos, a morte é algo violentamente incabível para nossa experiência humana, que busca eternizar o indivíduo, através de sua história, de seus feitos, de sua prole, de seu sobrenome, de suas ideias... Toda a nossa vida terrena clama por imortalidade. E o caráter ambíguo aparece justamente pelo fato de que a finitude é a mola propulsora de todas as realizações da vida. Afinal, se tivéssemos todo o tempo do mundo, para que criar algo, neste exato momento? Seríamos como bois mansos, a ruminar eternamente no pasto. Eis o fascínio envolvido na morte, ela nos coloca a encarar nossas escolhas, desafiando-nos a sermos imortais em vida, a deixarmos um legado que a ultrapasse, que a anule.

Colocar em diálogo os universos dos sonhos e da morte não é tarefa original. Muitos outros autores já estabeleceram essa associação,[2] de modo direto ou indireto. Ao longo do texto, veremos que na mitologia grega Hypnos (sono) e Thanatos (morte) são irmãos, filhos da Noite (Nix). Portanto, está em nosso imaginário clássico aproximar esses universos: o sono pode ser considerado uma pequena morte, e esta, o descanso da alma, que pode ser comparado ao repouso das funções do corpo. Assim como o sono é um momento de reparação e reorganização biológica e psíquica, a morte tende a ser vista como um estágio de lapidação da alma. Talvez em função deste imaginário de associações, investiga-se, com o intuito de se tentar dar sentido e lógica à morte, o conteúdo que o sono pode nos oferecer: o universo onírico, os sonhos.

Eis os questionamentos que acompanham o estudo: é possível se levantar, investigar e compreender um imaginário como o da morte, que perpassa a história humana desde que ela se inicia? É possível que esse imaginário tenha elementos comuns, desde os primórdios até as expressões contemporâ-

---

[2] Alguns dos inúmeros exemplos em que essa associação entre sonhos e morte pode ser encontrada:
BOSNAK, Robert. *Sonhos de um paciente com AIDS*, 1993.
ELIAS, Ana Catarina Tavares de Araújo. *Programa de treinamento sobre intervenção terapêutica relaxamento, imagens mentais e espiritualidade (RIME) para re-significar a dor espiritual de pacientes terminais.* Dissertação de Doutorado em Medicina, 2005.
FREY-ROHN, Liliane; JAFFÉ, Aniela; VON FRANZ, Marie-Louise. *A morte à luz da Psicologia*, 1999.
KOVÁCS, M. J. *Morte e Desenvolvimento Humano*, 1992.
SILVEIRA, Nise. *Imagens do inconsciente,* 1981.
VON FRANZ, Marie-Louise. *Os sonhos e a morte,* 1990.

neas? É possível que os sepultadores de cemitérios paulistanos – embora a grande maioria deles seja de naturalidade nordestina – apresentem matrizes arquetípicas de simbolismos relacionados à morte, vinculados a um imaginário universal? Ou esse imaginário seria circunscrito à nossa cultura, a elementos da religiosidade brasileira? Poderiam os sonhos manifestar isso? Teriam os profissionais que lidam com a morte diariamente registros diferenciados guardados em seu inconsciente? Estas são algumas das perguntas que tentaremos responder, dentro das possibilidades deste estudo, ao longo do texto.

O texto está dividido em quatro capítulos, além de uma reflexão inicial introdutória. Através de uma caminhada por imagens e representações da Antiguidade Clássica, tentaremos neste primeiro capítulo oferecer elementos para a constituição de um imaginário antigo ligado à morte, reconstruindo a linha arquetípica de significados simbólicos em torno da mesma. Inicialmente, trataremos do conceito de imaginário e recorreremos a representações clássicas da morte, da pré-história, do mundo egípcio e greco-romano, por serem matrizes de pensamento que tiveram grande influência em nossa cultura e pensamento.

Essas representações servem a nós para a compreensão de um imaginário, a ser retomado e embasado teoricamente no segundo capítulo, através das representações do universo cristão, que traz novos elementos para a compreensão do pensamento que foi hegemônico durante séculos no ocidente.

No terceiro capítulo, procuraremos transpor esse imaginário para os acontecimentos de nossa cultura brasileira, compreendendo um pouco do dinamismo de interlocuções entre visões africanas, portuguesas e indígenas que culminaram na religiosidade popular brasileira, universo no qual se situam os sepultadores. Abordaremos, resumidamente, os motivos que nos levaram à escolha dos cemitérios de pesquisa e o primeiro contato com o campo e com os sepultadores, cujos relatos de sonhos, crenças e vivências concluirão a dissertação, no quarto e derradeiro capítulo. O capítulo final é inteiramente baseado no trabalho de campo e está repleto de elementos simbólicos.

Convidamos você, leitor, para essa desafiante caminhada, que se apoia nos frágeis e sinuosos trilhos do imaginário fúnebre, construído, a muitas mãos, ao longo de toda a jornada humana.

### Uma reflexão sobre a morte

Nasci aqui mesmo no Rio de Janeiro, três meses depois da morte de meu pai, e perdi minha mãe antes dos três anos. Essas e outras mortes ocorridas na família acarretaram muitos contratempos materiais, mas, ao mesmo tempo, me deram, desde pequenina, uma tal intimidade com a Morte que docemente aprendi essas relações entre o Efêmero e o Eterno.

*Cecília Meireles*[3]

A palavra morte é definida no dicionário em oposição à vida, como fim da mesma. Alguns sinônimos também aparecem, como: acabamento, homicídio, perda, destruição. No entanto, nenhum destes termos dá conta do significado exato da palavra. Pode-se também tentar definir a morte por caracterís-

---

[3] Disponível em: http://www.releituras.com/cmeireles_bio.asp. Acesso em 15/07/06.

ticas, como a irreversibilidade e a inevitabilidade. Mas mesmo estes atributos são passíveis de questionamento, já que existem inúmeras teorias acerca da vida após a morte, tentando torná-la, certamente, menos irreversível e inevitável.

Na linguagem popular brasileira, temos diversos "apelidos" à palavra *morte*. Os significados atribuídos socialmente a ela, bem como seus sinônimos, são numerosos. *Morte* dá origem a uma série de expressões que visam atenuar ou reelaborar o sentido "cru" desse vocábulo. A palavra *morrer*, por exemplo, pode ser substituída coloquialmente por: "passar desta para melhor", "bater as botas", "abotoar o paletó", "fechar os olhos", "adormecer", "bater a cachola", "ir para o andar de cima", "dar cabo da vida", "ir ao encontro de Deus", "alcançar o paraíso". Em todos estes casos, o ato de morrer, ou seja, o verbo, é que está sendo definido. A morte ainda fica sem definição. Alguns termos, sinônimos e expressões, como "passamento", "falecimento", "o outro lado da vida", "a malvada", "a única certeza da vida", tentam dar conta deste universo intraduzível e incognoscível.

Em algumas culturas, morrer significa "tornar-se sombra, ocultar-se, ser como sombra, cobrir-se de trevas".[4] Morte é, portanto, um corpo insubstancial, algo que existe num estado material estranho a tudo o que concebemos em vida. Uma vez que são necessários tantos eufemismos para substituir ou amenizar o termo *morte*, fica explicitado o mal-estar em torno dele.

A morte parece ser abordada de duas formas em nossa sociedade contemporânea: pela via do ridículo ou do sinistro. A primeira abordagem refere-se ao humor macabro, aos filmes de terror, ao universo do gozo mórbido – o ridículo de se morrer.

---

[4] BRANDÃO, Junito de Souza. *Dicionário Mítico-Etimológico*, vol. 2, p. 398-399.

Neste sentido, ela é vista como uma anomalia, uma vez que debochamos da condição de se morrer, do quão inviável isso é a nós, humanos.

Esse deboche percorre várias passagens da história da humanidade, tendo-se em mente manifestações como as danças macabras,[5] que expõem ao homem o "ridículo" da efemeridade da vida e inevitabilidade da morte e evocam uma maneira de escape ao horror da morte.

Já o campo do sinistro implica nojo, medo e estranhamento – esta última característica, aliás, é bastante presente quando nos referimos à temática, pelo fato de não absorvermos a morte como parte da vida. Àquela cabe um universo paralelo, um mundo estranho e alheio.

José Luis Souza Maranhão[6] afirma que houve, na atualidade, um deslocamento do tabu do sexo para morte, sendo o macabro um dos principais objetos de excitação do ser humano contemporâneo. Basta se constatar o alto consumo de filmes de terror e a popularidade de personagens identificados com o que se pode chamar de "mundo da morte", a clássica imagem da túnica preta, com uma foice, o interesse do cinema e da literatura neste tema... Apesar de excitante, o macabro deve ser "usado" às escondidas, como algo a ser evitado, cujo próprio nome já pode trazer mau agouro. Daí o tabu, que traz prazer e horror, ao mesmo tempo.

---

[5] A Dança Macabra como ícone foi uma das maneiras usadas pelo homem para visualizar seu mais misterioso e imbatível inimigo, a morte, após a epidemia da peste do século XIV que assolou a Europa e que levou pessoas de todas as condições sociais. A imagem clássica desse ícone remete-se à "morte personificada" (esqueletos) conduzindo uma fileira de figuras de vários estratos sociais, a dançar em direção aos seus túmulos. Cf. Anexo 1, p. 257 e 258.

[6] MARANHÃO, José Luis Souza. *O que é morte*, 1992.

A despeito dessa observação de Maranhão, sabe-se que essa relação entre macabro e erótico é recorrente na história.[7] Entretanto, é na modernidade que se cria a necessidade de se estabelecer criteriosamente um momento para a morte. É preciso registrar no documento de óbito um momento exato, com horas e minutos. No entanto, a morte, como a vida, refere-se a um processo contínuo, não a um momento único, preciso, que pode ser mensurado sob moldes positivistas. A morte não é um fim apenas. "Há graus de vida e há graus de morte. Assim, a morte há de ser entendida mais como processo do que como fato instantâneo."[8]

Tentamos, entretanto, encaixar o conceito jurídico de morte (que é instantâneo) ao conceito biológico (que se refere a um processo). Isso obviamente traz implicações. Desprezamos o processo e trabalhamos apenas com a irreversibilidade da vida. Perde-se o conjunto daquilo que morreu, sendo a morte marcada, por exemplo, apenas pela perda de função deste ou daquele órgão aos quais se convencionou atribuir a vida.

Na medicina, temos diversos tipos de morte: cerebral, circulatória, súbita, relativa (parada cardíaca que pode ser reversível), aparente (estado de letargia ou catalepsia, em o indivíduo parece estar morto, mas ainda vive), intermédia (estado de quase-morte, em que pessoas relatam a sensação de terem saído de seu corpo), real ou absoluta (não há retorno; perda de função dos órgãos).

Existem alguns sinais de morte que podem gerar um diagnóstico equivocado, levando ao sepultamento de pes-

---

[7] Ver anexos 2 e 3, p. 259 e 260.
[8] LORICCHIO, J. Demétrio. *Um tratado da vida: a morte súbita da morte*, p. 15.

soas que ainda vivem. Alguns deles são: perda de consciência, cessação da respiração e parada cardíaca ou ausência de pulso.[9] Estes enterramentos eram comuns nos séculos XVII e XVIII, tanto que por volta de 1740, algumas pessoas escreviam em seus testamentos a proibição de serem colocadas no caixão antes de completarem quarenta e oito horas de falecimento. Pediam que se fizesse alguma prova para obter certeza do óbito.[10]

Ao desprezarmos as variáveis que envolvem o processo de morrer, "matamos" a possibilidade de compreender com mais clareza o que representa esta passagem da vida. Se tudo o que possui vida biológica é passível de morte, a análise do morrer faz-se, portanto, fundamental para o entendimento da vida e de suas etapas.

A morte permite que os seres existam por uma determinada quantidade de tempo, propiciando um sentido à existência. O fato da vida ser findável torna possível uma quantidade de realizações finitas ao homem e, por isso, mesmo, a morte permite, em última instância, o uso de nossa capacidade de escolha, escolher isto a despeito daquilo, uma vez que ambos não cabem numa mesma vida. Esse mecanismo faz com que nos afastemos dos questionamentos envolvidos no processo de morte, restringindo superficialmente seu significado a um fato cruel de executar e finalizar a vida. A modernidade retira da morte sua força integradora, atribuindo-lhe uma faceta maléfica, demoníaca e covarde.

---

[9] Ibid.
[10] Cf. ARIÈS, Philippe. *Sobre a História da Morte no Ocidente*, 2003.

Entre outros motivos, por isso, fala-se na perda simbólica e ritualística do morrer contemporâneo. Autores como Norbert Elias,[11] Ernest Becker,[12] José Martins,[13] entre outros, convergem no ponto de vista da negação da morte como um elemento característico de nossa sociedade moderna. A morte passa a ter um status de algo pecaminoso, contagioso. É como se, ao evitarmos o contato com a mesma, pudéssemos afastá-la por mais tempo. É uma barganha moderna que tenta encobrir os resquícios da morte. Esse comportamento é fundamental para entendermos o papel do sepultador em nossa sociedade como um agente ao qual se terceiriza o mal-estar da morte.

Falar em morte é essencialmente falar sobre o tempo e, mais ainda, sobre uma instância específica deste: o destino. Este último nos leva a recorrer a instrumentos oraculares diversos, à

---

[11] ELIAS, Norbert. *A solidão dos moribundos,* 2001. Obra sintética, de poucas páginas, com uma densa e importante reflexão do autor sobre como os recursos tecnológicos modernos funcionariam como aparatos de negação da morte presentes no bojo do processo civilizador, que tendem a afastar a morte e seus representantes, como os idosos, do convívio social. Os idosos, segundo ele, seriam identificados socialmente com a morte e, portanto, tornariam-se uma ameaça à existência saudável de quem quer se manter "imune ao vírus da morte".
[12] BECKER, Ernest. *A negação da morte,* 2007. Esse excelente livro será mais bem abordado no capítulo 4, sobre o universo dos sepultadores. A obra traz reflexões sobre a necessidade psicológica do ser humano de negar a morte, abarcando conceitos psicanalíticos.
[13] MARTINS, José S. "Anotações do meu caderno de campo sobre a cultura funerária no Brasil", in: OLIVEIRA & CALLIA, *Reflexão sobre a morte no Brasil,* 2005, p. 73-91. Esse artigo é um relato de José Martins trazendo discussões sobre a perda de ritualização simbólica da morte no mundo contemporâneo, a qual é abordada de modo apressado, tentando-se encobrir seus resquícios.

religião, a curandeiros ou até mesmo à medicina, que se apodera de um saber, a fim de evitar os males de amanhã. A busca pelo desvendar do destino nos leva sempre à tentativa de antecipação de um tempo posterior, a fim de controlá-lo. O tempo do destino é também o tempo da morte, do depois, do vir a ser.

Na sociedade contemporânea, não há espaço para o devir, já que o mesmo nos causa angústia. O amanhã torna-se uma incógnita ameaçadora. Por este motivo, trabalhamos incessantemente em busca do controle, da dominação do instinto, da superação dos limites humanos. Eis um desafio constante à nossa espécie: superar as incertezas do amanhã. Por este motivo, morrer tornou-se uma anomalia no mundo atual e, como afirma Enerst Becker,[14] um duro golpe ao narcisismo humano.

O destino, neste sentido, é ironicamente desestruturador e paradoxalmente estruturador. Mata, torna pobre ou rico, traz fama ou doença, tira-nos direitos que a nós coube acreditar que eram realmente nossos. Desestrutura, mas orienta, funcionando como um guia do tempo ao qual se encaixam as nossas tarefas e realizações nesta existência. Pois, imaginemos que não tivéssemos o tempo como uma referência existencial. O que seria de nossa espécie, mergulhada num mar de infinitas possibilidades?

> A dependência moderna em relação ao tempo faz com que toda a existência seja mapeada em termos temporais, por idades e fases. A morte, na noção temporal, passa a ser um indicador do tempo que pode durar nosso processo de viver. (...). Neste sentido, a vida é um correr contra o tempo e, em última instância, um correr contra a

---

[14] *A negação da morte*, 2007.

morte. A pressa moderna talvez possa indicar uma necessidade de realizar e experienciar antes do fim, no tempo que ainda nos resta. A consciência da morte traz a contagem regressiva do tempo. A morte passa a atuar no antifluxo da vida e não como um processo natural da mesma. A morte, ironicamente, tornou-se apartada, e o que é pior, adversária, da vida.[15]

É importante pensar que a morte alerta para o fato de estarmos vivos e, por tal motivo, alerta também sobre o que fazermos com a dádiva chamada vida. Se fôssemos imortais, a preocupação com o amanhã perderia o sentido. Teríamos todo o tempo para fazermos absolutamente qualquer coisa, o que tiraria de nós a capacidade de escolha e amenizaria o significado das perdas.

Portanto, o fato de sermos mortais propicia-nos a consciência das perdas, da dor; e, em consequência disso, cede-nos, de bandeja, o livre-arbítrio, a chance das reflexões existenciais e identitárias. Certamente, o conceito de identidade, por exemplo, perderia sua força num mundo eterno, no qual sempre há tempo para refazer suas marcas.

A consciência da finitude não é aprisionadora, pelo contrário, somente esta consciência nos possibilita a continuidade real. A ilusão do infinito, na qual a modernidade está mergulhada, esta sim, nos aprisiona a um modelo ideal, inatingível, de seres humanos como deuses imortais, onipotentes, sempre belos e poderosos. Este modelo per-

---

[15] DE FRANCO, Clarissa. "A crise criativa no morrer: a morte passa apressada na pós-modernidade". *Kairós*, p. 113-114.

seguido traz a eterna insatisfação de nos percebermos sós, em uma busca fadada ao insucesso. A aceitação da finitude nos mobiliza ao desapego do perfeito. A morte possibilita a vida e seu ciclo natural. E isto não é limitador.[16]

A morte como um sinônimo de limitação estaria, portanto, na contramão da afirmação citada acima. Relacionar a morte com o fim deixa lacunas na compreensão de seu significado maior, já que a vida só é determinada como tal pelo fato de existir a morte. Percebe-se, portanto, quão limitador e angustiante é o conceito de finitude, que, na verdade, dá à morte um aspecto de ameaça.

Nem sempre a morte foi tão ameaçadora, embora tenha sido sempre um tema muito presente em qualquer uma das culturas. Isso pode ser verificado por meio dos ritos, expressões culturais e artísticas, entre elas a literatura, nos quais a morte ocupa frequentemente um espaço considerável. O homem tenta significar a morte talvez desde que houvera vida.

Apesar de ser uma preocupação humana constante, Leroi-Gourhan considera que "a morte, com todas as suas implicações, não está no cotidiano do não-humano".[17] Esta afirmação questiona a percepção que os animais têm de sua própria morte. Embora se veja, por exemplo, entre animais de grande porte, como os elefantes, movimentos de afastamento do grupo, quando a morte se faz próxima. Ao mesmo tempo, o instinto de sobrevivência animal sabe discernir momentos de perigo, nos quais a morte é iminente. Não se sabe se estas

---

[16] Ibid., p. 118-119.
[17] LEROI-GOURHAN, André. *As religiões da pré-história*, p. 16.

observações expressam a capacidade de consciência e simbolização da morte pelos animais ou se podem referir-se apenas a instintos, mas são indícios de que a morte transcende a percepção humana.

Para Morin,[18] a consciência dos animais e de grupos humanos arcaicos acerca da morte refere-se a uma consciência de espécie, coletiva. É a espécie que sabe da morte e que se defende dela. No caso do ser humano, a consciência da espécie parece ter se "individualizado", ao longo dos tempos, chegando ao ápice na era moderna, que exacerba a compreensão da subjetividade, tornando mais evidente a percepção do sujeito sobre sua própria morte. Esta ideia está presente em grandes pensadores, como Feuerbach,[19] Heidegger[20] e Roberto DaMatta.[21]

    O ancião das sociedades arcaicas, o qual pedia aos seus que deixassem-no morrer na banquisa ou em lugar deserto, seguindo a lei de seus antepassados, tinha, sem dúvida, menos medo da morte que nossos contemporâneos, trancados e isolados em sua vida confortável, porque, depois da vida bem preenchida, terminada a sua tarefa, o ancião estava satisfeito e sentia necessidade do sono eterno.[22]

---

[18] MORIN, Edgar. *O Homem e a Morte,* 1997.
[19] FEUERBACH, Ludwig Andréas. *Thoughts on death and immortality,* 1980 (1830).
[20] HEIDEGGER, Martin. *O ser e o tempo,* 2001.
[21] DAMATTA, Roberto. *A casa e a rua,* 1997.
[22] BAYARD, Jean-Pierre. *Sentido oculto dos ritos mortuários: morrer é morrer?,* p. 47.

Neste sentido, a modernidade e a pós-modernidade nos distanciam da espécie, do grupo social, tornando-nos solitários. A morte na atualidade cada vez mais ocorre num quarto de hospital, com poucas pessoas ao redor do moribundo e com rituais fúnebres ágeis, que visam "esconder" rapidamente o morto. A comunidade em torno do mesmo é cada vez menor e mais distante. O homem morre sozinho, pois sabe que o ato de morrer é agressivo aos outros. Esta consciência o faz recolher-se com suas doenças e infelicidades – vistas como falhas no esquema perfeito (quisera realmente fosse) que é a vida.

Ao homem, a morte parece ter impulsionado sua capacidade de simbolização, uma vez que ela traz um dado real: o morto, e a consequente ação em torno disto. Ou seja, ao nos depararmos com a morte, deparamo-nos também com a necessidade de ritualizar este evento, dando algum sentido àquilo. Nesta direção, a morte contribuiu significativamente para o desenvolvimento da inteligência humana, uma vez que a mesma está relacionada à capacidade de simbolização.

> Para os hindus, a vida monótona significa um estado de separação, reclusão e desilusão, enquanto que a morte representa a reunião, a libertação espiritual e o despertar (...) morrer pode ser considerado mais importante que viver.[23]

Portanto, percebe-se como a morte, embora universal, tem seu significado atribuído pela matriz cultural de um grupo. A título de exemplificação, os gregos helênicos tinham dificul-

---

[23] GROF, Christina; GROF, Stanislav. *Além da Morte*, p. 6.

dade em conceber a alma totalmente separada do corpo, uma vez que consideravam aquela como uma "forma substancial, energia agente e eficaz do corpo orgânico".[24] Alma ou anima é o que dá vida, ânimo ao corpo, é a sua potência.

Para Oliveira,[25] o que varia de sociedade para sociedade "é a consciência da morte (...) É essa consciência que se transforma no curso do desenvolvimento social". Disso intui-se que a morte se relaciona com a História, com o cenário cultural, religioso e político, possuindo significados reconfigurados de acordo com a experiência humana de cada época. Assim como a humanidade, a morte possui uma história que vai sendo acrescida de elementos, uma "cara" que vai se configurando lentamente, expressa no imaginário, ao qual recorreremos neste estudo.

No primeiro capítulo, refletiremos sobre imagens e imaginário em torno da morte em sociedades pré-cristãs, destacando os egípcios e greco-romanos. Cabe ressaltar que esses elementos devem paulatinamente compor um imaginário clássico e universal da morte, presente em nosso inconsciente coletivo, a ser retomado no quarto e último capítulo, quando estudaremos os sepultadores.

---

[24] BRANDÃO, Junito de Souza. *Dicionário Mítico-Etimológico,* vol. 1, p. 361.
[25] OLIVEIRA, C. B.; PINTO, R. N. "Envelhecimento, exclusão e morte: resenha do livro *A solidão dos moribundos...* de Norbert Elias". *Revista da Universidade Federal de Goiás,* p. 40.

# 1
# Imaginário de morte na antiguidade clássica: Matrizes arquetípicas de significados

## 1.1 – Imagem e imaginário

Este capítulo se propõe a investigar elementos do imaginário de morte da Antiguidade Clássica, levantando aspectos de uma das principais matrizes do pensamento ocidental. A hipótese é de que essa matriz reverbere na concepção e no imaginário da cultura e da religiosidade brasileira, nas quais se inserem os sepultadores, sujeitos do estudo. Iniciamos através da definição teórica do estudo do imaginário, que abarca elementos artísticos, mitológicos, simbólicos e religiosos, principalmente.

Ao falar de imagens podemos pensar em uma infinidade de termos: símbolos, iconografias, fotos, pinturas, quadros, desenhos, retratos, lembranças, representações, caricaturas, visões, aparições, fantasmas, imitações, ilusões, fantasias... Todas as imagens nos remetem a uma relação com a realidade, seja de imaginação, de reprodução ou ainda de projeção ideal.

Neste estudo optamos por trabalhar o delicado terreno do imaginário fúnebre, ligado aos sonhos e relatos dos sepultadores. Para percorrer tal caminho, fez-se necessária inicialmente uma compreensão geral do modo como abordaremos alguns conceitos cruciais, como: imagem, imaginário e inconsciente coletivo.

Para Durand,[26] "a imagem é uma sombra do desejo", já que a mesma reflete elementos do inconsciente. A imagem está sempre relacionada à nossa percepção e pensamento, portanto, está diretamente ligada às experiências que o expectador teve anteriormente ao contato com a mesma, o que vai constituir uma estrutura perceptiva que interage com o significado "maior" da imagem, ou socialmente partilhado. Neste sentido, é importante valorizar a via afetiva no contato com a imagem.

Laplantine e Trindade[27] embora estabeleçam algumas diferenciações entre os conceitos de símbolo e imagem, afirmam que ambos são representações ou "reapresentações" do objeto, não sendo apenas substituições do mesmo. Em outras palavras, uma representação não substitui o objeto, mas é parte dele, construindo uma relação de identidade com o mesmo.

Esses autores fazem uma crítica à Psicologia Analítica, no que se refere ao seu entendimento dos símbolos, afirmando que esta teoria "relega a um segundo plano a diversidade de sentido existente no imaginário das diferentes culturas",[28] porque não faz diferenciações entre imagem e símbolo, considerando que "as imagens são formas que contêm sentidos afetivos universais ou arquetípicos, cujas explicações remetem a estruturas do inconsciente"[29].

---

[26] DURAND, Gilbert. *As estruturas antropológicas do imaginário*, p. 23.
[27] LAPLANTINE, François; TRINDADE, Liana. *O que é Imaginário*, 2003.
[28] LAPLANTINE, François; TRINDADE, Liana. *O que é Imaginário*, p. 17.
[29] Ibid., p. 16.

Entretanto, ao contrário do que afirmam os autores, Denise Ramos[30] aponta que Jung "considera que uma expressão referente a uma coisa conhecida é simplesmente um sinal e nunca um símbolo". Este último é somente aquele que "provoca uma modificação na totalidade do ser humano, tanto no nível fisiológico, quanto no nível psicológico".[31] De fato, a Psicologia Analítica compreende os símbolos como inseridos em um contexto mais amplo, que perpassa o inconsciente coletivo, construindo matrizes de representações que comportam elementos da história da humanidade. Isto não significa que a essa linha de pensamento ignora o significado cultural dos símbolos, já que os mesmos também penetram no inconsciente coletivo, fazendo parte das representações do indivíduo de determinada cultura.

O que está em jogo no nível simbólico seria a carga afetiva ao qual o símbolo está vinculado, ou seja, o conteúdo atribuído a ele. A título de exemplificação, Nise da Silveira[32] afirma que "a tarefa do terapeuta será estabelecer conexões entre as imagens que emergem do inconsciente e a situação emocional vivida pelo indivíduo".[33] Neste sentido, a cruz, para os egípcios "é um símbolo de imortalidade", já para os cristãos, entre outros significados, assume o "valor" de sofrimento da crucificação

---

[30] RAMOS, Denise Gimenez. "A vivência simbólica no desenvolvimento da consciência", in: BRITO, Ênio José da Costa et. al. *Religião ano 2000*, 1998, p. 64.
[31] Ibid., p. 65.
[32] Nise da Silveira é uma psiquiatra brasileira que busca inovar os tratamentos em Psiquiatria produzindo mudanças no ambiente hospitalar e no trato com os pacientes. Ela esteve em contato com Jung. A partir deste novo olhar da Psiquiatria, surge o Museu de Imagens do Inconsciente, espaço reservado às pinturas e criações artísticas de pacientes esquizofrênicos. O método de trabalho consiste no estudo das imagens, apoiando-se na história de vida dos pacientes.
[33] SILVEIRA, Nise. *O Mundo das Imagens*, p. 18.

vivenciada por Cristo. "Os símbolos não sugerem sempre unilateralidade; podem encerrar conteúdos paradoxais".[34] Portanto, a Psicologia Analítica não despreza os conteúdos culturais e pessoais ligados à imagem, ao contrário, utiliza estes conteúdos de forma a integrar os significados.

Na verdade, essa discussão insere-se em uma confusão conceitual que normalmente alguns autores fazem ao criticar o pensamento de Jung. Ressalta-se, nesse estudo, que, ao falar em arquétipos, o psiquiatra suíço abordou uma estrutura psíquica e perceptiva preparada para receber e dar sentido a conteúdos simbólicos específicos. Ao falarmos em símbolo já nos referimos à ativação dessa estrutura pré-existente diante do impacto do indivíduo com sua história e com o mundo; jamais Jung se referiu a algo estático, cujo significado não é atualizado em cada contexto. Isso seria quase uma heresia psicológica.

Nessa linha da Psicologia, o símbolo une uma manifestação conhecida à outra desconhecida, transcendendo sua expressão imediata, e encontra eco no inconsciente coletivo, que contém uma série de imagens que vão além dos limites da biografia de uma pessoa. Estas imagens configuram-se em padrões arquetípicos, sendo o arquétipo uma possibilidade de representação. "Sempre que o homem se confronta com algo misterioso ou desconhecido (...) o inconsciente produz modelos simbólicos e míticos."[35]

---

[34] Ibid., p. 132.
[35] VON FRANZ, Marie-Louise. *Os sonhos e a morte: uma interpretação junguiana*, p. 14.

Assim, uma palavra ou uma imagem é simbólica quando implica alguma coisa além do seu significado manifesto ou imediato. Esta palavra ou esta imagem tem um aspecto 'inconsciente' mais amplo, que nunca é precisamente definido ou de todo explicado. E nem podemos ter esperanças de defini-lo ou explicá-lo. Quando a mente explora um símbolo, é conduzida a ideias que estão fora do alcance da nossa razão.[36]

Como mostra a afirmação acima, ao contrário do que aponta Laplantine e Trindade, em crítica à perspectiva neoplatônica (na qual a Psicologia Analítica se insere), há diferenciações entre imagem e símbolo nesta corrente de pensamento, considerando-se que a imagem pode ser simbólica em determinados contextos apenas.

A partir da imagem, seguimos para a definição de imaginário. "O vocábulo *imaginário,* ao assumir a condição de substantivo, apresenta-se como resultado de fusão dialética entre imagem e imaginação, pois a criação de imagens pressupõe o uso da imaginação."[37] E sendo esta última compreendida como a capacidade de criar ou representar objetos ausentes, ou ainda, como fantasia, deve-se destacar as diferenciações entre fantasia e imaginário. "O imaginário possui um compromisso com o real (...) recria e reordena a realidade, encontrando-se no campo da interpretação",[38] já a fantasia é uma criação da imaginação, que mantém uma relação com a realidade, mas não um compromisso de identificação com a mesma. A fantasia pode ser um

---

[36] JUNG, Carl Gustav; VON FRANZ, Marie-Louise. *O Homem e seus Símbolos,* p. 20.
[37] TEIXEIRA, Ivan. "Literatura como imaginário: Introdução ao conceito de poética cultural". *Revista Brasileira,* 2003.
[38] LAPLANTINE, François; TRINDADE, Liana. *O que é Imaginário,* p. 79.

devaneio, uma invenção imaginativa, sem vínculo com o real, enquanto que o imaginário é constituído com base no real.

"A primeira característica da imagem que a descrição fenomenológica revela é que ela é uma consciência, e, portanto, como qualquer consciência, é, antes de mais nada, transcendente."[39] A transcendência da consciência possibilita associações interpretativas, diante da imagem. A percepção vai se construindo lentamente, em contraposição ao objeto dado, que é imediato.

Há, portanto, algo entre o símbolo e seu significado que passa pela consciência interpretativa e subjetiva e que pode trazer elementos modificadores do produto final ou, no mínimo, elementos que complementariam um conceito socialmente instituído de uma imagem.

Assim como outros autores, defende-se neste livro que o imaginário configura-se de imagens formadas a partir de uma percepção prévia, mesmo as imagens "novas" buscam seu apoio na percepção, não restando, portanto, espaço para uma "invenção absoluta", mas para uma criação reelaborativa, já que a psique seria composta de um mosaico de significados que vão sendo elaborados e atualizados em cada contexto.

"O imaginário, como mobilizador e evocador de imagens, utiliza o simbólico para exprimir-se e existir."[40] Ambos, imaginário e simbólico, dialogam com a realidade, transformando-a. O imaginário possui a capacidade de percorrer diversos tempos e espaços, permitindo ao homem, através de sua imaginação, a transposição destas variáveis mundanas. Por isso, busca no pas-

---

[39] DURAND, Gilbert. *As estruturas antropológicas do imaginário*, p. 22.
[40] LAPLANTINE, François; TRINDADE, Liana, *O que é Imaginário*, p. 23-24.

sado referências e aponta intenções para o futuro. Em um breve resumo, o imaginário utiliza a imagem para através da mesma dar espaço à imaginação.

Note-se que fazemos uma discreta distinção entre os termos "imaginário" e "inconsciente coletivo", sendo esse último uma predisposição inata para "criar" ou "agrupar" psicologicamente experiências paralelas da humanidade, ou ainda pode ser entendido como possibilidades de representação, atualizadas pela experiência imagética ou situacional. O inconsciente coletivo seria uma matriz maior de significados, atemporal, que se comunica com o imaginário, ligado, este último, a uma situação mais delineada, a um contexto mais definido temporal, espacial e culturalmente.

O imaginário reporta-se aos simbolismos para exprimir-se, isso quer dizer que as representações sociais ou as imagens mentais dos indivíduos se expressam por meio de símbolos que chegam até o consciente como imagens, formando-se no inconsciente coletivo o que permite a comunicação com o imaginário. Obviamente que tais aparatos imagéticos dizem alguma coisa sobre um determinado fato ou objeto, tendo, portanto uma função simbólica. Mas o simbolismo também incita uma capacidade imaginária permitindo ver em uma coisa o que ela não é, ou seja os atributos simbólicos têm o poder de modificar a apreensão da realidade pois realizam uma outra leitura do mundo.[41]

---

[41] SILVA JÚNIOR, Otoniel Fernandes da. "Por uma Geografia do Imaginário: percorrendo o labiríntico mundo do imaginário em uma perspectiva geográfica cultural", in: *Labirinto*, 2001.

Ao destacarmos imagens relacionadas à morte, tentando constituir um imaginário, teremos em mente o movimento existente entre o símbolo, o expectador e os conceitos socialmente instituídos, em busca de um significado. Entendendo o imaginário como "o conector obrigatório pelo qual forma-se qualquer representação humana",[42] procuraremos compreender como o "mundo social" liga-se ao universo pessoal, em relação aos conteúdos de morte. O expectador possui um inconsciente pessoal e um coletivo que tentam decodificar o mundo e suas expressões imagéticas e simbólicas. Também destacaremos a capacidade de recriação do real, através do imaginário fúnebre.

## 1.2 – O mundo de lá: o Além e o Limiar

O Além Medieval pode ser entendido como um espaço essencialmente binário, dividido de acordo com o Cristianismo em *Paraíso* e *Inferno*. O primeiro, um lugar de prazeres para onde se dirigiam os justos após deixarem esta vida, e o segundo, o lugar de castigo por excelência, onde os pecadores sofreriam no fogo eterno. (...) Mais tarde, a partir de meados do século XII, a Igreja cristalizou a noção de um terceiro lugar no Além, o *Purgatório*.[43]

---

[42] DURAND, Gilbert. *As estruturas antropológicas do imaginário*, p. 5.
[43] ZIERER, Adriana. "Viagens ao Além e sua Difusão em Portugal no Final da Idade Média", in: *Atas da IV Semana de Estudos Medievais*, 2001, p. 329-335 [329, 330]. Cf. também: ZIERER, Adriana. "Literatura e imaginário: fontes literárias e concepções acerca do Além Medieval nos séculos XII e XIII", in: *Outros tempos*, 2004.

Na problemática principal deste estudo – redesenhar o imaginário em torno da morte – faz-se necessário inicialmente compreender o conceito do "Além", já que o mesmo é o campo em que a maior parte dos fenômenos em torno da morte ocorre.

No conceito cristão, a alma era destinada a um dos dois "espaços" do Além, Paraíso e Inferno, e essa concepção só se alterou em definitivo, segundo Jacques Le Goff,[44] no século XII, quando a noção de Purgatório é introduzida no imaginário popular cristão. A entrada em um dos três "espaços" do Além (céu, inferno e purgatório) era determinada pelo Juízo Final, e esta concepção justificava toda a culpa e pesares atribuídos ao momento da morte.

A citação acima refere-se especificamente ao conceito cristão de Além, entretanto verifica-se que existe uma noção de Além em diversas culturas e grupos religiosos, tratando-se de uma dimensão mais ampla. Como o próprio nome denota, o Além transpõe o "aqui", encaminhando-se para o "acolá"; carrega, como se faz óbvio, uma interrogação, já que não se refere mais a uma realidade tangível – a realidade da percepção imediata – entrando em um campo que poderíamos chamar de imaginação.

O Além é como as trevas: não pode ser contido. Ele escapole – para aparecer de novo, exatamente quando se pensava, para alívio ou desespero, que havia sido eliminado. (...) Como todo objeto da imaginação, é ausente, inexistente, uma negação, um não-ser.[45]

---

[44] LE GOFF, Jacques. *O nascimento do Purgatório*, 1981.
[45] CRAPANZANO, Vincent. "Horizontes imaginativos e o aquém e além", in: *Rev. Antropol.*, p. 363-384. Disponível em: http://scielo.br. Acesso em 10/10/06.

O "não-ser", algo fora dos limites conhecidos, é o mundo depois do limiar da morte, e por pertencer ao campo da imaginação é constantemente construído e acrescido de novas simbologias, "escapulindo" à nossa compreensão racional, mas constituindo-se em imaginário. Por isso, o Além é a morada de seres disformes – como os fantasmas, espíritos, figuras mitológicas e entidades não humanas de toda a espécie – lembrando-nos da possibilidade de outros estados de ser.

A despeito desta possibilidade dada pela imaginação, existe, nos elementos do Além, uma clara relação associativa com o mundo de cá, cognoscível pela percepção imediata. Às entidades do Além atribuem-se características compatíveis, ainda que de um modo estranho, com nosso universo humano: características morais e psicológicas (bondade, maldade, poder, disputas, traições) e também traços físicos, que, embora concebam seres bastante diversos dos humanos e animais presentes na Terra (faunos, demônios, monstros, anjos), não são completamente desprovidos de forma, mesmo os espíritos e fantasmas.

É tamanha a dificuldade em representar, ainda que imaginariamente, seres amorfos, que o homem "replica" sua realidade tangível, construindo um universo paralelo *possível*. Portanto, o Além não é um mundo completamente desconhecido, ou totalmente enigmático, como se poderia pensar, já que, como afirmado neste estudo anteriormente, o imaginário tem uma relação de identidade com o real, com bases na percepção, não sendo apenas um produto livre da mente humana.

Nesse contexto insere-se o que podemos chamar de "duplo" humano, termo que passou a ser difundido com o romantismo alemão, no final do século XVIII, e que literalmente denota "aquele que caminha ao lado", ou "companheiro de estrada", traduções da palavra: *Doppelgänger*. O duplo designa o "outro eu", sugerindo uma dualidade existencial presente em cada ser. A antítese ou contraposição evidentes na figura do outro apresentam um conflito básico de identidades, dividindo o homem em facetas.

O duplo está presente nas mais variadas formas de representação. Na literatura, temos inúmeros exemplos do funcionamento do duplo. O famoso "Dom Quixote", ao imitar os heróis de cavalaria, confunde sua própria identidade pessoal e, desse confronto entre a identidade original e o duplo heterogêneo, diferente, é que nasce o eu reconstruído – a síntese. No caso de Dom Quixote pode-se citar ainda seu escudeiro Sancho Pança, que também funcionaria como seu duplo. Outro exemplo típico é "O Retrato de Dorian Gray", de Oscar Wilde, em que a juventude e beleza de Dorian contrapõem-se à sua figura humana mortal, comum, que envelhece e se torna feia, mostrando a transformação da identidade diante do apego ao caráter transitório do belo. E o que dizer de Fernando Pessoa, que divide a si mesmo, buscando confrontar sua identidade de autor?

À parte a literatura, voltemos ao duplo religioso, ou espiritual.

O "duplo" já se encontra presente na consciência mitológica dos povos antigos (...) com uma associação física parte homem, parte animal, ou numa simbiose homem/mulher (entre outras manifestações), que já sugerem uma disputa/conflito do ser em sua dualidade existencial. (...) De tradição judaico-cristã (caracteristicamente dupla em seu conflito "bem versus mal", "espírito versus carne", e separação vida/morte, alma/corpo, entre outros), encontramos a bipartição do homem/Adão em seu duplo feminino.

Para Lacan, o imaginário opera através de identificações entre o eu (ego) e o outro (espelho), e o simbólico é o componente cultural e legal (de lei, norma) que media a relação do eu (ego) com o social (Grande Outro), sendo o real algo inatingível, impossível, que não pode ser simbolizado dentro de uma natureza humana fantasmagórica e imaginativa. Neste sentido, o homem é essencialmente, imaginativo e simbólico, precisando da figura do "duplo" para constituir suas identificações e, em última instância, sua identidade. Assim como Adão precisa de Eva, o eu necessita do outro para se constituir.

A ideia de "replicar-se" ou de confrontar-se com o outro eu dá margens à construção imaginária do Além e de seus elementos, que se contrapõem aos do mundo de cá, conhecido. "A consciência objetiva da morte, que reconhece a mortalidade, interage com a consciência subjetiva, que afirma a imortalidade (...) o duplo é o âmago de toda a representação arcaica que diz respeito aos mortos."[46] Nesse sentido, como aponta Edgar Morin, a consciência humana da morte contrapõe-se à ilusão imaginária de que somos eternos, de que não morreremos. Essa deliciosa e perigosa negação inconsciente da morte nos leva a uma ambiguidade interna, afinal, todos sabemos que morreremos. Como saída psicológica, faz-se necessária a criação de um universo paralelo, também imaginário, que nos permite continuar existindo depois da morte, solucionando temporariamente o conflito de atitudes "consciente versus inconsciente".

Um exemplo típico é a figura do fantasma, que aparece como um duplo humano, em sua versão espiritual. E, como tal, é possuidor de características também humanas, o que "acalma"

---

[46] MORIN, Edgar. *O Homem e a Morte*, p. 26.

nossa consciência de morte, já que se torna possível permanecer existindo, ainda que em estado de fantasma ou espírito.

Na sociedade japonesa, há o teatro Nô (ou Nou, ou ainda, Noh), no qual o personagem principal é morto e volta para resolver assuntos pendentes. Normalmente, é deste modo que são vistos os fantasmas nesta cultura: como "entidades" que se foram antes da hora e precisam retomar suas vidas em algum ponto, como, voltar para fazer vingança, para cuidar dos filhos que deixou, para resolver algo pendente...[47]

Pode-se tentar traçar diferenciações no conceito de fantasma e espírito. Do dicionário, a palavra *fantasma* está ligada à "aparição", "assombramento", "alma do outro mundo", "visão medonha", "sombra", "simulacro", "imagem fantasiosa". Já o termo *espírito* refere-se à "parte imaterial do ser humano; alma", "entidade sobrenatural e imaginária", "inteligência", "significação; sentido". Portanto, no imaginário de um Além sombrio e apavorante, o duplo humano seria ocupado pelo fantasma, que parece ser uma alegoria do espírito. No entanto, este último está muito mais perto do "outro eu" do ser humano, uma vez que representa "a parte imaterial do homem", apresentando-se como um contraponto ao "eu" material, terreno, "real".

Nesta direção, pode-se pensar que o fantasma é uma entidade recheada com o imaginário de pavor em torno da morte. Os personagens literários e cinematográficos do gênero quase sempre são fantasmas – não espíritos. Isto porque os primeiros podem ser personificados, possuindo uma forma um pouco mais definível que a parte imaterial do homem, ou seja, os espíritos.

---

[47] *A imagem da morte no Japã*. DVD. PUCSP, 299.

Parece ser mais fácil, portanto, enfrentar um duplo fantasmagórico que um espiritual. Por estranho que soe, o fantasmagórico está mais distante do eu, pode ser visto, ter forma, ser ridicularizado, fazer aparições, virar personagem, assombrar pessoas, ter um aspecto, ainda que medonho. Ou seja, permite uma possibilidade de representação. O espírito, ah, este é indefinível e se refere a "mim", diretamente. O espírito é um "eu" desdobrado; o fantasma, uma alegoria apavorante deste eu.

Assim como se replica o homem nas figuras do fantasma e do espírito, replicam-se, na imaginação, as experiências e personagens reais. Desta forma, constituem-se inferno, céu, Olimpo, deuses, anjos, demônios, guerras e disputas celestiais, amores e casamentos divinos; tudo no campo do imaginário. Mas, entre os dois mundos, o real e o imaginário, há o simbólico, aquele que permite uma representação pautada nos valores culturais de um grupo. A morte estaria nesse caminho do meio, entre a realidade e a imaginação, simbolizada pelos referenciais que a pessoa ou o grupo adquiriu historicamente.

Uma imagem bastante recorrente quando nos referimos ao processo de morrer é a travessia, como se a morte separasse dois mundos: o Aqui e o Além.... A ideia de travessia pode ser expressa em vários símbolos e representações: o rio da morte, a ponte.... Em muitas culturas, a morte é vista como uma viagem, e o morto muitas vezes leva consigo utensílios pretensamente úteis nesta jornada, como botas, dinheiro, roupas, alimentos...

A travessia nos remete ao limiar, estado fronteiriço, que precede o desconhecido. O limiar é antes de tudo indefinido, nem cá, nem lá, um tempo e espaço estranhos, alheios a alguma realidade concreta. São as horas que se perdem ou ganham em uma viagem com diferenças de fuso horário; o que sobra, na chegada, é uma sensação de estranhamento, como se o tempo não tivesse corrido no tempo certo ou, ainda, como se não tivéssemos vivido aquelas horas, restando uma lacuna.

No universo cristão, temos o limbo, um "espaço liminar", onde ficariam as almas que estariam para sempre privadas da presença de Deus, por conta de seu pecado original não ter sido submetido à remissão através do batismo, como as crianças que não puderam ser libertadas.[48] Da mesma forma, as pessoas nascidas antes de Jesus, que salvou a humanidade do pecado original, não poderiam entrar no céu, restando apenas o limbo, um "não-estar". O purgatório é outro estado liminar, sendo "o estado em que se encontram as almas dos defuntos que não são nem suscetíveis de entrar imediatamente na visão de Deus, nem destinados à condenação sem apelos do inferno. É, portanto, um estado provisório, não definitivo".[49] Os dois "lugares" cristãos trazem a sensação de indefinição.

A liminaridade foi bastante estudada no campo da Sociologia e da Antropologia, principalmente por Van Gennep,[50] que percebe um padrão nos ritos de passagem, envolvendo três estados: separação, margem (liminaridade) e incorporação. Este padrão é posteriormente retomado por Victor Turner,[51] que atribui aos estados liminares uma ambiguidade incômoda,

---

[48] Essa determinação foi recentemente alterada pela Igreja Católica.
[49] LACOSTA, Jean-Yves. *Dicionário Crítico de Teologia*, 2004, p. 1472.
[50] VAN GENNEP, Arnold. *Os ritos de passagem*, 1978.
[51] TURNER, Victor *O processo ritual:* estrutura e anti-estrutura, 1974.

típica de uma "antiestrutura", que ameaça o padrão das duas estruturas definidas, entre as quais se encontra. Esta ambiguidade coloca a pessoa entre o "ser" e o "não ser", dispersando a consciência da individualidade e da autonomia e lançando o sujeito a um estado de coletivização.

Veremos durante toda a dissertação que a morte ocupa esse lugar social e psicológico da ambiguidade incômoda, entre dois estados, o conhecido e o desconhecido, entre a individualidade e o coletivo, este último representado pelo mergulho arquetípico do ser humano ao morrer no universo do Além, elemento do inconsciente coletivo ou do imaginário.

Esse mergulho parece-nos extremamente perigoso e ameaçador. Entretanto Roberto DaMatta[52] afirma que a liminaridade não deve ser compreendida necessariamente como negativa ou ameaçadora, argumentando que o indivíduo no estado liminar sofre um isolamento intenso, que o leva a uma consciência da sua "subjetividade paralela ou independente da coletividade", caracterizando-se não em uma ruptura dos padrões – como propõe Turner – mas como um espaço complementar ao grupo, que permite um renovado encontro com o mesmo, ao final do processo.

Conclui:

> O que se explicita nas iniciações não é o triunfo da autonomia, do espaço interno e do isolamento, mas a glória do elo e a exaltação do retorno à aldeia como alguém que renovou sua consciência de complementaridade e o seu débito para com a sua sociedade (...) Nos ritos de ini-

---

[52] DAMATTA, Roberto, Individualidade e liminaridade: considerações sobre os ritos de passagem e a modernidade, in: *Mana*, 2000.

ciação, os neófitos dramaticamente conjugam individualidade e coletividade (...) eles entendem que o eu não existe sem o outro, e que no centro dos ritos de iniciação está a descoberta (ou melhor, o desvendamento) do mistério segundo o qual tanto a dimensão individual quanto a coletiva são construídas por um mesmo conjunto de valores[53].

Esse retorno à aldeia e reencontro com o outro (Grande Outro, de Lacan) parece o prêmio final do processo de identificações e despersonalização que sofre o eu no confronto imaginário, constitutivo do ser. Nesse sentido, psicologicamente, os estados liminares são extremamente ricos para a formação da personalidade e da consciência.

Apesar das discordâncias, as observações de DaMatta e de Victor Turner são congruentes em um ponto: o estado liminar envolve sofrimento, angústia, descaracterização de personalidade, solidão, indefinição, medo, entre outras características perturbadoras que envolvem as transformações de estados de consciência.

A morte pode ser concebida como um dos maiores e mais importantes estados fronteiriços e liminares. A travessia entre um estágio e outro "acende" os pavores humanos, dando espaço às criações imaginativas, que tentam replicar o universo anterior, conhecido, há pouco afastado. A insegurança da morte abandona o indivíduo à sua consciência confusa, em meio ao mistério do além daqui, do depois da morte. Se a teoria de DaMatta estiver certa e puder ser transposta para a realidade do estado liminar da morte, desta travessia algo integrador e criativo se depreenderá para o solitário recém-vindo do mundo dos vivos.

---

[53] DAMATTA, Roberto, Individualidade e liminaridade: considerações sobre os ritos de passagem e a modernidade, in: *Mana*, p. 11.

Na Divina Comédia,[54] antes de Dante e Virgílio chegarem ao vestíbulo do Inferno e passarem por seus nove círculos, há o rio Aqueronte – clássico da mitologia greco-romana – domínio do estado intermediário, que não está mais aqui, mas ainda não chegou lá. O barqueiro Caronte carrega em seu barco os mortos, levando os homens a seu destino "final", não sem antes receber sua moeda de transportador. O rio tem águas pesadas, turvas e lodosas, e prenuncia um devir tenebroso. Eis a imagem de um limiar: sombrio e instável, como as águas de Aqueronte, frio e pragmático, como o barqueiro, que exige pagamento, e, acima de tudo, misterioso, incógnito...

A Barca de Caronte [55]

---

[54] ALIGHIERI, Dante. *A Divina Comédia,* 1994 (1321).
[55] GIL, José Benlliure, 1932.

Na Psicologia Junguiana, as águas, em geral, e mais especificamente o mar relaciona-se às profundezas do inconsciente vasto e misterioso que habita em nós e traz a ideia de continuidade, de infinito, algo que sobrevive para além do horizonte, daí o conceito de renascimento, numa linha contínua entre vida e morte. Devemos recordar também que se alega que as primeiras formas de vida na Terra vieram do oceano.

Símbolo da dinâmica da vida. Tudo sai do mar e tudo retorna a ele: lugar dos nascimentos, das transformações e dos renascimentos. Águas em movimento, o mar simboliza um estado transitório entre as possibilidades ainda informes e as realidades configuradas, uma situação de ambivalência, que é a de incerteza, de dúvida, de indecisão, e que pode se concluir bem ou mal. Vem daí que o mar é ao mesmo tempo a imagem da vida e a imagem da morte.[56]

Outros simbolismos também relacionam-se à ambiguidade do limiar, como a ponte, que é "a passagem da Terra ao Céu, do estado humano aos estados supra-humanos, da contingência à imortalidade, do mundo sensível ao mundo suprassensível",[57] e as portas e os portais. Quando não se está nem de um lado, nem de outro, corre-se o risco de cair no abismo. É um instante em que, tecnicamente, não se é nada e tudo pode ruir. Do outro lado, mistério...

---

[56] CHEVALIER, Jean; GHEERBRANT, Alain. *Dicionário de Símbolos:* mitos, sonhos, costumes, gestos, formas, figuras, cores, números, p. 592.
[57] Ibid., p. 729.

Dante e Virgílio diante do portal do Inferno [58]

## 1.3 – Os primórdios das representações da morte: rabiscos e marcos

É curioso pensar no homem pré-histórico, sem muitos dos recursos que hoje possuímos, olhando para a morte. Deve ter sido especialmente fascinante e aterrador para aquele ser humano, num tempo em que não havia a metáfora das máquinas,

---

[58] BLAKE, William, para *A Divina Comédia*.

o conhecimento sobre as doenças, sobre as causas de intempéries, compreender como um organismo que há pouco pulsava, emitia sons, gestos e emoções, poderia simplesmente parar, em um dado momento, sem qualquer explicação prévia. Apesar dessa incongruência de sentidos, talvez fosse menos aterrador para o ser humano daquele momento histórico encarar a morte, já que ele estava significativamente mais harmonizado com os processos e as metáforas da natureza, dentro dos quais, o morrer é parte integrante. Muitas metáforas poderiam auxiliar a humanidade pré-civilizada a elaborar o significado da morte. Metáforas como a do dia e da noite, a dos ciclos dos astros, a das estações do ano, a metáfora da criança e do adulto... A natureza tem muitos elementos que nos colocam frente ao mistério dos ciclos de início e término, analogias da experiência vital, cujo fim e percalços estão submetidos ao grande fluir do destino. E o mais importante dessas metáforas é que o homem, através do contato com elas, volta a se perceber dentro de seus limites biológicos, dentro de sua condição de animal, situação muitas vezes negligenciada pela sociedade contemporânea.

O homem pré-histórico teve de se relacionar com a morte, assim como teve de buscar alimentos, criar ferramentas, descobrir potenciais a serem dominados na natureza... A morte seria mais um dos desafios ao homem daquele tempo. É provável que, ao refletir sobre o significado da morte e dos ciclos biológicos e naturais, ele se conectado com o que denominamos de "sobrenatural", com as forças e explicações que transcendem sua experiência imediata. Portanto, a morte pode ter sido um dos caminhos para se conceber o que hoje entendemos por religião. E mais, a morte, os mortos e como cada civilização lida com esse tema trazem materiais riquíssimos à História, sendo um dos principais elementos de análise de uma cultura antiga. Portanto, a morte merece nosso "carinho" analítico e acadêmico.

Há cerca de cem mil anos, viviam os Paleantropídeos e em particular, o homem de Neanderthal (...) foi ele o autor das primeiras inumações[59] conhecidas até a data. Finalmente, há cerca de trinta mil anos, ou mais tarde, aparece o homem atual, o *homo sapiens,* em relação ao qual pululam, através da arte, provas de um pensamento de caráter religioso.[60]

Na antiguidade, a arte estava essencialmente ligada à descoberta do homem acerca do mundo. Assim, o homem pré-histórico não somente registra os acontecimentos de sua vida, mas também experimenta formas novas de se relacionar com o meio.

Estima-se que por volta do ano 100 mil a.c. (Paleolítico Médio) iniciou-se o enterro sistemático dos corpos, com a valorização do culto aos antepassados. Nessa época, as civilizações já desenvolviam instrumentos de materiais pontiagudos e começavam a controlar o fogo. "O enterramento, eventualmente com deposição, está praticamente confirmado para o Paleolítico Médio."[61]

Já a sepultura do Paleolítico Superior (40 a 18 mil anos atrás) tem como característica ser escavada como fossa e ter o morto polvilhado por ocre, material bastante usual na época. Em

---

[59] Inumação é sinônimo de enterramento.
[60] LEROI-GOURHAN, André. *As religiões da pré-história*, p. 25.
[61] LEROI-GOURHAN, André. *As religiões da pré-história*, p. 68.

muitos dos casos, os corpos traziam objetos de adorno, como colares. Isto pode indicar os rudimentos da crença na continuidade da vida, uma vez que o enterramento com os pertences poderia justificar-se pela necessidade do uso no pós-morte.

A pré-história revela-nos que os povos 'primitivos' acreditavam em alguma forma indefinida de sobrevida. Em inúmeros casos, os ritos de sepultamento em posição agachada (ou fetal) revelam a crença de que os mortos eram chamados a renascer para outra vida.[62]

Portanto, pode-se pensar que, bem remotamente na história, o ser humano já construía a noção de pós-morte ou do "além", como queiramos denominar. A ideia que prevalece nessas crenças é a continuidade da vida, ainda que num estado diferente da existência terrena.

Aproximadamente entre os anos doze a dez mil anos a.C., já no período Neolítico, surgem pinturas policrômicas nas entradas de cavernas e sobre pedras de construções tumulares. Estas pinturas mostram a evolução do homem e sua dominação parcial sobre o meio, uma vez que nessa época houve a chamada "revolução agrícola", na qual o homem aprendera a produzir e estocar alimentos, bem como a domesticar animais.

Nas pinturas se fazia uso corrente de ocre vermelho (peróxido de ferro) e em muitas delas havia predomínio de motivos geométricos e cruzes. Esta arte era desenhada sobre pedras que fazem parte da formação de dolmens, que são uma das primeiras expressões arquitetônicas da história. Especula-se que

---

[62] AUBERT, Jean-Marie. *E depois... vida ou nada?* Ensaio sobre o além, p. 17.

os dolmens estejam relacionados ao culto aos antepassados, servindo como um altar de sacrifícios e como túmulos. São construções constituídas por uma câmara de grande laje pousada sobre pedras verticais que a sustentam. Estes monumentos tumulares são coletivos, podendo servir ao enterro de grupos de pessoas na pré-história. Também são conhecidos por "antas", "orcas", "arcas" e "palas".

Não cabe a nós decifrar os "códigos" pré-históricos, pois poderíamos incorrer em erros interpretativos, ou ainda, em um exercício exaustivamente subjetivo. Entretanto, os "rabiscos" sobre as tumbas parecem nos fornecer indícios da importância do registro em torno da morte. A marca – seja ela qual for – determina algo, eternizando um dado qualquer sobre a figura do morto (data, nome, dizeres, símbolos, acontecimentos).

No Neolítico, surgem estes chamados monumentos megalíticos – construções monumentais com grandes blocos de pedra, como os dolmens, datados, aproximadamente, do fim do VI milênio a.C. As primeiras construções megalíticas da Europa ocidental localizam-se em Portugal, espalhando-se desde a Península Ibérica até aos países nórdicos e África. Hoje estas construções compõem o que chamamos de megálitos, e constituem-se em conjunto monumental, construído "para ser indestrutível".[63]

---

[63] BAYARD, Jean-Pierre. *Sentido oculto dos ritos mortuários:* morrer é morrer?, p. 214.

Dólmen do Sangrino, Penela da Beira, Portugal, Período Neolítico [64]

Como se pode ver acima, as pedras eram bastante grandes para que o homem ainda não tivesse desenvolvido nenhuma técnica para carregar as mesmas e agrupá-las, de modo a estruturar uma construção. Observa-se que o formato nos remete às cavernas ou a ambientes protegidos, ou ainda a um local em que se guarda algo. Em um belo artigo, José de Souza Martins cita Luís da Câmara Cascudo, que "faz referências ao simbolismo uterino da casa, que se torna visível nos procedimentos rituais de trato do corpo do morto".[65] Sendo o dólmen um altar de sacrifícios, ou mesmo um local de enterramento dos mor-

---

[64] Disponível em: cosmos.oninetspeed.pt/.../fotosPenela.htm. Acesso em 12/07.
[65] MARTINS, José de Souza. "Anotações do meu caderno de campo sobre a cultura funerária no Brasil", in: OLIVEIRA, M. F.; CALLIA, M. H. P. (orgs.). *Reflexão sobre a morte no Brasil*, p. 77.

tos, devemos atentar-nos para a possibilidade de o morto ser resguardado das intempéries do ambiente externo, neste espaço protegido, como o útero que resguarda o bebê, separando-o do mundo.

"A ideia de tumba nasceu da necessidade espiritual de dar uma casa ao morto."[66] Isto indica que, desde a pré-história, o homem tenta dar significado à morte, já estabelecendo os primórdios de uma compreensão acerca das diferenças entre corpo e alma. Se o morto precisa de casa, mesmo seu corpo não possuindo mais vida e nem forma, pois certamente entrará em decomposição no correr dos anos, veem-se elaborações em torno da "essência humana", daquilo que permanece para além dessa existência. Quem precisa de casa, que instância de nós? Há algo que ainda precisa morar depois da morte? Obviamente, estes questionamentos recebem nuances específicas a partir da organização cultural e artística de cada povo. A "casa do morto" vai se adaptando às sociedades e suas crenças.

Segundo Loureiro,[67] através de observação, o homem daquele tempo deve ter intuído que os corpos deixados ao ar livre entravam em decomposição muito mais rapidamente, por conta de animais e outros micro-organismos. Já os corpos depositados em grutas seguiam um processo de decomposição distinto, que contava com a petrificação dos ossos e a preservação do esqueleto. Por isso, inicia-se uma quantidade considerável de inumações em grutas funerárias.

---

[66] BARDI, Pietro Maria. *Pequena História da Arte*, p. 64.
[67] LOUREIRO, Maria Amélia Salgado. *Origem Histórica dos Cemitérios*, 1977.

## 1.4 – A Antiguidade Clássica: mitos e templos

### 1.4.1 – O Egito Antigo

Em matéria de câmaras com galerias funerárias, não poderíamos deixar de lado a civilização que deu à morte um espaço notável: o Egito Antigo, no qual as pirâmides, mastabas e hipogeus constituíam tipos de túmulos. Sua característica material principal era a solidez e durabilidade, em função da necessidade de se garantir a preservação do corpo do morto.

As mastabas, por exemplo, são as construções funerárias típicas das primeiras dinastias. Possuem câmaras, poços funerários e capelas; tudo isto construído no subsolo. Nestas construções foram enterrados os primeiros reis egípcios, que ainda não eram faraós. As mastabas eram túmulos particulares, geralmente destinados à nobreza egípcia.

Elas destacam-se pelos seus elementos complementares (baixos-relevos, pinturas, estelas, mobiliários funerários, estátuas, inscrições hieroglíficas com preces e oferendas) que as transformavam em verdadeiras casas para a eternidade.[68]

"Os faraós compreenderam que a única forma de enganar os seus persistentes inimigos, os ladrões de túmulos, seria tentar esconder completamente seus túmulos."[69] Por isso, na segunda e terceira dinastias, passou-se a colocar os mortos em uma câmara na base de um eixo central, com esperança de enganar os ladrões.

---

[68] PEINADO, Federico Lara. *O melhor da arte egípcia 1*, p. 12.
[69] WHITE, Jon Manchip. *O Egito Antigo*, p. 70.

As mastabas continuaram a ser utilizadas para o enterramento de algumas pessoas, mas as pirâmides, consideradas a evolução natural das mastabas, passaram a ser a morada pós-morte exclusiva da realeza. "Sem a câmara do túmulo como seu âmago, a pirâmide não teria adquirido qualquer significado – e o próprio templo só foi concebido, na sua origem, como um complemento de túmulo-pirâmide."[70]

A origem das pirâmides pode ser explicada pela ideia de Imhotep, homem venerado como o pai da matemática, da medicina e da arquitetura, que colocou uma sucessão de mastabas, umas sobre as outras, como degraus, até alcançar um nível de seis mastabas. Tal como esta, outras pirâmides do Velho Reino eram construídas próximas à cidade de Mênfis, capital por mil anos. A Era das Pirâmides é considerada a quarta dinastia do Antigo Império.

Ao pensarmos na vasta importância atribuída à morte pela sociedade egípcia, atentamo-nos ao tema do destino. Entre os egípcios, pode-se observar claramente a preocupação com o devir. O processo de mumificação parece representar a necessidade de eternizar uma determinada vivência, de preservar o corpo para a jornada que se segue. Uma múmia, dentro de um sarcófago, sobrevive aos tempos, tornando-se imortal. Portanto, é a ideia de infinitude que prevalece nestas representações.

Alguns sacerdotes egípcios e funcionários do Estado passavam anos reunindo preciosidades que iriam acompanhá-los nos túmulos. A morte tinha um significado marcante, mais ainda, estava relacionada ao lazer e prazer na civilização egípcia. "A

---

[70] Ibid., p. 70.

sua noção de um passeio agradável era levar as suas esposas e filhos a visitar as obras do jazigo da família."[71]

Apesar da valorização da morte, inclusive dos agentes funerários – os quais eram considerados figuras importantes na sociedade –, aos cidadãos egípcios comuns, que não tinham qualquer ligação com o Estado, não era destinado o céu, pelo menos não até antes do término do Velho Reino.[72] Aos faraós cabia o privilégio de entrar no barco do Deus-Sol Rá, que levava aos vários cantos do céu.

Mais tarde, quando os egípcios passam a adorar o Deus Osíris, o privilégio do céu é estendido ao restante da população. Ainda assim, as pessoas comuns enfrentavam muitas dificuldades para atingirem a Planície Celestial. O barco da morte levava estas pessoas pelos vãos escuros e subterrâneos do Rio Nilo. Cruzavam monstros e inimigos, e caso sentissem medo e recuassem diante destas criaturas horríveis, seriam torturadas e devoradas.

Depois da viagem com o barqueiro, eram submetidas ao Julgamento do Tribunal de Maat – deusa da Verdade. Esta possuía uma balança de dois pratos, sobre os quais colocava o coração do morto, de um lado, e sua pluma mágica, a pluma da verdade, do outro. Diante das autoridades, o morto deveria declarar que não cometera más ações em vida. No centro, estaria o deus Anúbis, que faria a pesagem: no prato, à direita, colocava-se o

---

[71] Jon Manchip WHITE, *O Egito Antigo*, p. 71.
[72] Velho Reino foi o período entre as dinastias III e VI, de 2700 e 2300 a.C, também chamado de "Era das Pirâmides", na qual havia templos dedicados ao Deus Sol, Rá. Dentro da história egípcia consideram-se dois períodos anteriores ao Velho Reino: o Dinástico e Pré-Dinástico, sendo este último situado na pré-história (Neolítico).

coração daquele que morreu, e no prato esquerdo era colocada a pena de Maat. Toth, também presente na cerimônia, anotava os resultados em um papiro. Caso houvesse um equilíbrio entre os lados, ou o coração fosse mais leve que a pluma, o morto recebia a graça da presença de Osíris e da possibilidade do céu, pois se constatava que ele contou a verdade sobre suas ações. Se, ao contrário, o coração fosse mais pesado que a pluma, estava traçada a desgraça. O Devorador entrava em ação, triturando os ossos, mastigando a carne e bebendo o sangue do morto.[73]

É importante ressaltar que apesar de haver a figura do "Devorador" de almas condenadas, que teoricamente se perderiam para sempre, sendo banidas definitivamente do universo (essa, sim, seria a real morte, o fim), a visão de Além dos egípcios era bastante rica. Como coloca Jacques Le Goff,[74] "o inferno egípcio era especialmente impressionante e sofisticado. Era uma região imensa com muralhas e pórticos, pântanos lamacentos e lagos de fogo rodeando salões misteriosos". Há relatos de castigo, ligados ao fogo e a penas sangrentas.

Portanto, morria-se pela primeira vez, aguardava-se o julgamento de Maat e havia a segunda morte, na qual os seres encaminhavam-se ao Céu, ou ao Inferno. A ideia de extinção definitiva da alma ou do espírito diverge dos relatos de inferno; afinal, se existem castigos no inferno, estes estariam destinados às almas condenadas, que, portanto, não teriam sido banidas. A concepção de pós-morte egípcia tem um forte componente ético, que dá um peso às ações do indivíduo em vida, como na

---

[73] Para maiores esclarecimentos, cf.: FELIPPE, C., "O Egito que revivia os mortos", in: *Revista das Religiões*, 2003.
[74] LE GOFF, Jacques. *O nascimento do purgatório*, p. 37.

maioria das concepções, com exceção dos greco-romanos, mais bem esclarecidos abaixo.

Na cosmologia egípcia, a morte também se faz fundamental. Rá era a divindade máxima, soberano dos homens. Osíris e Ísis eram seus netos, e Hórus, seu bisneto. Estes três últimos deuses compõem uma trilogia que se tornou popular, venerada por todos os egípcios, inclusive os cidadãos comuns.

O culto a Osíris aparece no Primeiro Período Intermédio, entre as Dinastias VII e XI. Era um rei-deus, que teria incentivado os habitantes do Nilo a trabalhar a terra e a construir cidades. Sua irmã-esposa Ísis era uma espécie de curandeira, a deusa da mágica e do amor. E Hórus era o deus falcão, considerado como detentor de poderes curativos. Toth era o Deus das ciências, amigo de Osíris, que teria ensinado o povo a ler e escrever. Esta seria a Idade de Ouro dos egípcios, um tempo primordial, em que os deuses viviam entre os homens, fundando a civilização.

Numa das viagens de Osíris, a difundir pelo mundo seus conhecimentos civilizatórios, o rei-deus deixa sua irmã Ísis encarregada do trono. Entretanto, Seth, o segundo irmão, invejoso da posição de Osíris, aproveita sua ausência para tentar usurpar o trono. Seth convida o irmão para um banquete, planejando assassiná-lo. Mostra um caixão de proporções incomuns, afirmando que recompensaria quem nele coubesse. Osíris entra no caixão (feito nas suas medidas, sem seu conhecimento) e fica escravo da morte. Seth lança ao mar a urna com os restos mortais do irmão. Esta é resgatada por Ísis, que correu o mundo a fim de trazer Osíris de volta à vida.

Seth ainda joga o corpo do irmão, em pedaços, ao mar. E novamente Ísis, com a ajuda de Néftis, tenta resgatar o corpo. Através de um encantamento, Ísis mantém a vida de Osíris, até que ela engravidasse. Depois disso, ajuda Anúbis a embalsamá-lo, fazendo os devidos rituais, enfaixando-o e colocando talismãs em volta do túmulo. Foi feita uma imagem idêntica ao rei-deus, também disposta ao lado do túmulo. Desta forma encaminha Osíris ao mundo dos mortos e concebe Hórus, o deus-falcão, filho da vida e da morte. Osíris passa a reinar como deus do "lugar que fica além do horizonte ocidental", não tendo mais reinado sobre os vivos.

A relação da morte de Osíris com o mar resgata o "infinito misterioso" e o "renascimento", ciclo de vida e de morte, como apontamos na simbologia do mar e das águas.

Anúbis, o deus da morte, dos mortos e do submundo, cuida dos embalsamentos, das mumificações, é guardião dos túmulos, das necrópoles, das tumbas e é também juiz dos mortos. Ele está presente no momento em que a deusa Maat pesa o coração dos mortos na balança. Acompanha as almas ao Além, juntamente com os quatro filhos de Hórus, que são corresponsáveis pelo trajeto do morto. Estes são vistos como guardiões de um órgão interno do falecido. Durante o processo de mumificação, os órgãos eram retirados e colocados em vasos e, a partir da XVIII Dinastia, a tampa destes vasos representava a cabeça dos quatro deuses.

Para os egípcios antigos, o indivíduo possuía mais de uma alma. Podemos tratar a primeira delas – *ka* – como uma espécie de "duplo humano". *Ka*, a alma primária, nascia com o corpo e depois da morte vivia no túmulo, junto da múmia, alimentando-se das ofertas e oferendas concedidas pelos sacerdotes. "O túmulo egípcio na época do Antigo Império, chamava-se a "casa do dúplice"[75] e contava com uma imagem de madeira ou pedra feita à semelhança do morto, além de alimentos, mobiliário completo, elementos para diversão.

---

[75] LOUREIRO, Maria Amélia Salgado. *Origem Histórica dos Cemitérios*, p. 13.

Num passado sombrio e distante, tinha sido costume, quando morria um homem poderoso, que seus servos e escravos o acompanhassem na sepultura. Depois (...) em vez de servos de carne e osso (...) passaram a ser oferecidas imagens como substitutas.[76]

A segunda alma, *Ba*, sai do corpo no momento da morte para vagar pelo mundo. Era considerada o "equivalente do verdadeiro ser espiritual".[77] *Akh*, a terceira, chamada de "espírito efetivo", deveria fazer a viagem para o outro mundo e saborear as delícias do céu. Havia ainda uma quarta alma, *Sekhem*, irmã gêmea de *Ka*.

No túmulo, o egípcio contava com *Ka*, que ficava na terra e com *Akh*, que viajava para o céu. Enchiam-se os túmulos com comidas, bebidas, roupas, objetos de adorno, passatempos, papiros, cadeiras, leitos, e figurinos, chamados de *ushabtis*, os quais auxiliavam o morto quando este precisasse realizar algum trabalho na Planície Celestial. Os egípcios eram claramente adoradores dos antepassados, os quais eram vistos como membros permanentes da família. A manutenção das ofertas de alimentos e objetos nos túmulos era feita pelos descendentes dos mortos.

O destino das almas depende desses cuidados e oferendas feitos na Terra, já que a vida pós-morte é mais valiosa que a vida terrena, assim como para o cristão. A eterna e verdadeira vida é a que sucede a morte. O cuidado na preservação do corpo morto mostra que o cadáver é visto mais do que como representante do falecido, ou seja, como o próprio falecido.

---

[76] GOMBRICH, E. H., *História da Arte*, p. 33.
[77] WHITE, Jon Manchip. *O Egito Antigo*, p. 76.

Havia a preocupação com a preservação da imagem do rei, como era em vida. Por isso, esculpia-se a cabeça do rei para acompanhar o túmulo do mesmo. Ao escultor da época ficou a alcunha: "aquele que mantém vivo". Sabe-se que havia diferenciações claras entre os rituais fúnebres da realeza e do povo comum, tanto nas construções funerárias, como na quantidade de oferendas e no pós-morte, uma vez que "no Egito, a questão da morte está indissoluvelmente ligada ao poder político".[78] Essa diferenciação de classes no morrer aparece em diversas culturas.

### 1.4.2 – Os greco-romanos

Como pudemos observar, entre os egípcios a questão ética está bastante vinculada ao pós-morte, a ponto de haver um severo julgamento de ações para se efetivar a passagem para o Céu ou para o Inferno. Entre os greco-romanos, no entanto, não temos exatamente este tipo de julgamento. Todos os mortos cabem no reino de Hades, desde que tenham sido respeitados os devidos rituais fúnebres. Por isso Hades era também conhecido como *o hospitaleiro*, pois sempre havia lugar para mais uma alma no seu reino. Isso não exclui a presença de um tribunal no reino de Hades e uma espécie de julgamento, mas o processo de condenação e absolvição não estava necessariamente vinculado a uma vida virtuosa, vivida sob os parâmetros éticos da época. A condenação das almas estava à mercê, muitas vezes, dos caprichos dos deuses, que possuíam características humanas, como ira, desejo de vingança; eram capazes de trair,

---

[78] LEROI-GOURHAN, André. *As religiões da pré-história*, p. 16.

de usurpar, de agir somente visando os próprios interesses. Há inúmeros exemplos literários dessa "humanização" dos deuses olímpicos.

Alguns mitos greco-romanos, como o consagrado mito de Édipo, mostram-nos a força que a morte e o destino ocupam na estruturação dos valores humanos. Toda a linhagem de Édipo é afetada por esse tema, restando-nos inúmeras questões, entre elas: teria Édipo se tornado o assassino e traidor do próprio pai, caso Laio e ele não tivessem sabido da profecia, e tentado, por isso, alterar e fugir do destino? Fazia parte do destino, a profecia ser conhecida pelos protagonistas para que o movimento ocorresse? Questões que nos colocam frente ao embate do livre-arbítrio com o destino, do desejo e da consciência, da culpa e da reparação. Elementos totalmente presentes no universo da morte.

Comecemos pela origem do mundo e dos deuses[79] greco--romanos. O Caos gerou a Terra (Gaia), que por sua vez gerou Urano (Céu), o qual foi destronado, assassinado e castrado por seu filho Saturno (Cronos, o Tempo). O mito nos indica a relação da morte com o tempo, que tem a força de "desempoderar" o pai, o rei, o deus, o representante do céu. O tempo está a serviço da morte, da transformação de ciclos e da renovação de poder. Entretanto, o tempo igualmente não está acima de tudo, pois Saturno também sucumbiu, ao final. Sucumbiu à única força que parece lhe oferecer uma real resistência: a loucura, passando a devorar seus filhos por medo de perder o trono. Cronos enlouqueceu pelo temor de que a sua história se repetisse. Saturno, mesmo sendo um agente da transformação, passou

---

[79] Cf. Hesíodo. *Teogonia: a origem dos deuses*, 1991.

a temer a si próprio, a temer o ciclo do tempo e por isso sucumbiu ao descompasso do tempo interior, à insanidade. A loucura enfraqueceu-o e deu lugar a Zeus, o deus do Olimpo.

Além de Zeus, seus irmãos Poseidon ou Netuno – senhor dos mares – e Hades ou Plutão – senhor do mundo dos mortos – reinaram absolutos após a queda de Saturno.

O deus dos mortos tinha uma esposa, protagonista de uma das belas histórias da mitologia greco-romana, "o rapto de Perséfone". Também inicialmente chamada de Core, Perséfone era filha de Démeter, deusa da fertilidade e da agricultura e fora, durante a época da colheita, raptada por Hades, que foi acometido por uma paixão avassaladora pela jovem. Levada ao subterrâneo, a garota não era senão alguém que fora separada da mãe e não fizera escolha sobre seu destino até aquele momento. Entretanto, novas forças entraram em ação. Deméter não aceitando o distanciamento forçado da filha, negou-se a fertilizar a terra. O Olimpo estava estéril, sem gerar alimentos e isso ameaçava a ordem natural das coisas.

A vingança de Deméter surtira efeito. Zeus resolveu interceder junto ao irmão Hades pedindo pela volta de Perséfone, e, acatando a solicitação de Zeus, Hades a trouxe de volta, não sem antes dar à jovem uma romã para comer. A fruta estabelecia um vínculo eterno de Perséfone com o reino dos mortos, por isso a garota, a partir daquele momento, tornou-se definitivamente a esposa de Hades e rainha dos mortos, passando a viver em seu novo reino e a voltar à superfície durante a primavera, época em que tudo floresce.

Poderíamos compreender a romã nesse mito como um símbolo da passagem da menina para a mulher, de Core à Perséfone. Ao comer a romã, Perséfone assume, mesmo que inconscientemente, um caminho sem volta, assume sua nova condição de poder, deixando de ser apenas a menina ingênua e passiva, que acompanha a mãe ou é levada por Hades. Perséfone tornou-se a senhora dos mortos, rainha, esposa, mulher, com um papel próprio. Ela teve de ir até o subterrâneo para reconhecer seu poder. E essa é uma das facetas mais significativas da morte: ela nos marca definitivamente e nos faz ter consciência e assumir papéis diante da vida.

Como reinava sobre os mortos, Hades era ajudado por outras divindades, como os irmãos Thanatos (morte) e Hypnos (sono). Hades ou Plutão era também o dono das riquezas do subsolo e quem propiciava o desenvolvimento das sementes, favorecendo a agricultura. Se condenadas, as almas eram atiradas ao Tártaro (uma espécie de inferno) e, se absolvidas, encaminhadas aos Campos Elísios ou Ilha dos bem-aventurados. Ambos os lugares, Tártaro e Campos Elísios, pertenciam ao reino dos mortos, reino de Hades.

Já que estamos trabalhando com imagens e imaginário, para se construir uma compreensão acerca do mundo de Hades, vamos à descrição, composta através de obras como Eneida, de Virgilio,[80] pelo mito de Orfeu e por outras referências do mundo greco-romano.[81] Não temos como levantar uma imagem precisa do reino de Hades, mas temos como utilizar os elementos de sua descrição para compor um cenário. Esse exercício já foi realizado por pintores, como Helder da Rocha,[82] para a Divina Comédia.

---

[80] VIRGILIO, *Eneida*, 2005.
[81] BRANDÃO, Junito de Souza. *Mitologia Grega*, 1988; BULFINCh, T. *O Livro de ouro da Mitologia: a idade da fábula; história de deuses e heróis*, 2000.
[82] É possível visualizar as ilustrações de Helder da Rocha no site: www.stelle.com.br.

Após a morte, a alma passa por um pré-julgamento, antes de passar para o mundo dos mortos. Ao que se sabe, Hades dividiu o seu reino em três partes: o Érebo, local de purificação das almas, onde instalou o seu tribunal e seu palácio; o Tártaro, a prisão eterna dos condenados; e os Campos Elísios, local de bem-aventurança e felicidade, destinado aos absolvidos no tribunal de Hades, após passarem pelo período de provação em Érebo.

Há dois elementos do mundo greco-romano dos mortos que correspondem a características ambientais e geográficas. Na entrada da morada dos mortos está o vulcão Vesúvio, um dos vilões ambientais da Itália. Acrescentem-se a essa imagem, tremores e um cheiro vulcânico forte característico.

Outro elemento que parece estar na entrada do reino é o turvo e lodoso rio Aqueronte, navegado por Caronte, o barqueiro mercenário, que exigia uma moeda aos transeuntes. Alguns relatos dizem que o reino dos mortos está rodeado por rios, mas Aqueronte é, certamente, o mais famoso. Há controvérsias quanto à localização do rio, mas sabe-se que ele marca uma divisão entre mundos e só podem ser transportadas em suas águas almas de pessoas mortas. O rio Aqueronte é um divisor, dali para frente os vivos não podem passar, salvo raras exceções mitológicas, como Orfeu. Portanto, pode-se concluir que o rio está na entrada do reino dos mortos, não se sabe se antes ou após o tribunal de Hades.

Na outra margem do rio, já no campo dos mortos, temos o feroz e guardador cão Cérbero, de três cabeças. É o guardião dos infernos, cuja função é permitir a entrada, mas não a saída das almas sem autorização do reino de Hades. Na verdade, bem poucos conseguirão voltar dos infernos.

Adentrando no reino, há que se passar pelas provações do Érebo, como os Pesares, as Ansiedades, as Enfermidades, a

Velhice, o Medo, a Fome, o Cansaço, a Miséria e a Morte. Depois, deve-se enfrentar as Fúrias, que personificavam a vingança e torturavam as almas pecadoras.

Após enfrentar as Fúrias, chega-se à Discórdia, ao Briareu de cem braços, às Hidras e Quimeras. Mais à frente, existe um caminho que se divide. Um lado leva aos Campos Elísios e outro às regiões dos condenados em que corre o rio Flegeton. Os condenados iriam ao abismo do Tártaro, onde habitam as almas desgraçadas. Já os abençoados, heróis, santos, sacerdotes, poetas e reis, dirigiriam-se aos Campos Elísios, um belo lugar. Também havia um vale por onde corria o rio Lete e onde as almas dos que iam voltar à Terra esperavam por um corpo, no momento devido. Hades e Perséfone (sua esposa) habitavam um palácio circundado por um bosque. Diz-se que o solo era recoberto de *asfódelo*, planta das ruínas e dos cemitérios.

Para reinar absoluto, Hades fazia com que todos no reino comessem sementes de romã, que tinha a propriedade de fazer as almas retornarem ao mundo dos mortos, caso não se fizessem merecedores do renascimento ou por uma vontade qualquer do senhor dos infernos.

Ilustrando a importância do respeito aos rituais fúnebres no mundo greco-romano pincemos o exemplo de Sísifo, rei de Corinto que tentou enganar a morte. Thanatos (deusa da morte) foi enviada por Zeus para acabar com a vida de Sísifo, pois este sabia que Zeus raptara a filha do deus-rio Asopo e revelou o segredo, em troca de favores. Como vingança, Zeus ordenou que Sísifo fosse morto por Thanatos, que falha em sua missão, e é preso pelo rei de Corinto. Sísifo consegue enganar a morte, elogiando sua beleza e pedindo-lhe para deixá-lo enfeitar seu pescoço com um colar, o qual foi usado como uma coleira para aprisioná-la.

Sem Thanatos, o reino de Hades ficou vazio e empobrecido, já que não havia mais mortos. Thanatos era a única com poder de encerrar a vida, portanto, sua prisão causou certo desequilíbrio no Olimpo, a ponto de Zeus resolver interceder em favor do irmão Hades, libertando Thanatos para que voltasse a cumprir sua função de matar.

Assim que a morte se libertou, decide que o primeiro a ser morto deveria ser Sísifo, por tudo que fizera a ela. Este, já prevendo sua morte, pede à esposa que não realize suas cerimônias fúnebres, em hipótese alguma. Já morto por Thanatos, Sísifo chega aos subterrâneos, mas tem sua entrada barrada por Hades, já que os rituais de morte de Sísifo não foram concretizados. O antigo rei de Corinto estava, portanto, sem lugar para ficar. Não pertencia ao reino dos vivos, pois já lhe fora dado cabo de sua vida, mas também não podia fazer parte do reino dos mortos, pois não realizara a passagem necessária aos dois mundos.

Espertamente, Sísifo solicita a Zeus autorização para retornar ao mundo dos vivos, com a justificativa de repreender e castigar sua esposa por não ter feito os cerimoniais necessários à sua passagem. Com a volta a seu reino, Sísifo nem se preocupa com a morte, achando-se livre dela. Entretanto, já em idade avançada, Thanatos vem buscá-lo definitivamente. Para sua infelicidade eterna, foi severamente castigado pelos deuses, condenado a carregar, montanha acima, um bloco de pedra pesado, que ao chegar ao cume rola ao pé da montanha, tendo de ser carrregado novamente. Assim, *ad infinitum*, Sísifo foi condenado ao esforço inútil, uma metáfora ao seu esforço de ludibriar e fugir da inevitável morte.

Thanatos não é uma inimiga física, não é alguém a quem se pode combater concretamente, como tentara Sísifo. O embate é psicológico, pois o findar da vida não é apenas o biológico e corporal. É, sim, o findar de uma existência, de um modo de ser e estar no mundo. Isto traz o sentido de uma nova iniciação.

Além de Thanatos, existem outras divindades relacionadas ao universo fúnebre na mitologia greco-romana, algumas já aqui citadas. A fim de alargar a compreensão desse imaginário mitológico, retomemos a história de Thanatos, que é filha de Nix, a noite. Esta, por sua vez, é irmã de Gaia, a Terra, e de Eros, o amor, entre outros tantos irmãos, filhos do Caos – o vazio primordial. De Nix, nascem as Moiras (três divindades atreladas ao destino: Cloto, fiadeira da vida, Láquesis, responsável pelo sorteio de quem vai morrer, e Átropos, que corta o fio da vida). Também são filhos de Nix as divindades: Éter (o céu superior), Hemera (o dia), Queres (a destruição) e Hypno (o sono).

Como se pode observar, parte da geração que adveio de Nix possui poderes relacionados ao destino dos seres. A palavra *Moiras* possui a mesma raiz etimológica que *Morta* – uma divindade romana – e muito provavelmente também há similaridade com a expressão *mors*, morte.

Junito Brandão[83] afirma que "a ideia da vida e da morte é inerente à função de fiar", o que, analogamente, associa a vida a uma trama construída pelo tempo, que pode ser desmembrada ou mesmo cortada em um lapso de segundo. Esta analogia aponta para a sutileza da vida e para a morte como um processo pertencente à mesma. A morte permite a visualização do produto da vida. O tecido torna-se acabado com seu findar, que determina seu tamanho. A morte, nesta analogia, trabalha a serviço da trama da vida.

---

[83] BRANDÃO, Junito de Souza. *Dicionário Mítico-Etimológico*, vol. 2, p. 141.

Assim como há três Moiras gregas, havia em Roma três divindades, chamadas de Parcas, responsáveis, pelo nascimento (Nona), pelo casamento (Decima) e pela morte (Morta). A morte, neste contexto, está inserida entre os principais ritos de passagem e é marcadamente um processo significativo e indispensável da vida, assim como fora (ou talvez ainda o seja na atualidade) o matrimônio.

Thanatos, como muitas outras divindades greco-romanas, mostra-se ambivalente. A começar pelo gênero, já que a morte é reconhecida socialmente como uma figura feminina, embora do ponto de vista etimológico, a palavra *Thanatos* seja do gênero masculino, em grego. Thanatos é um executor da morte, necessário à continuidade da vida. Não há mal ou bem na figura, apenas o essencial.

Do ponto de vista simbólico, Thanatos é o aspecto perecível e destruidor da vida. Divindade que introduz as almas nos mundos desconhecidos das trevas dos Infernos ou nas luzes do Paraíso, patenteia sua ambivalência, relacionando-se, de alguma forma, com os ritos de passagem. *Revelação e Introdução,* toda e qualquer iniciação passa por uma fase de morte, antes que as portas se abram para uma vida nova. Neste sentido, Thanatos contém um valor psicológico: extirpa as forças negativas e regressivas, ao mesmo tempo que libera e desperta as energias espirituais.[84]

Por ser portadora de um papel carregado de uma conotação negativa, cuja repercussão traz sentimentos também ambíguos, como medo, raiva e a certeza de um encontro humano

---

[84] Ibid., p. 399.

inevitável, a morte gera, no mínimo, certo incômodo. Em decorrência desta sensação que provoca, pode ser enfrentada de formas diversas por cada ser.

Alguns estudiosos relacionam os ritos de passagem a experiências de forte transformação geralmente associadas a ciclos de transições biológicas ou psicológicas socialmente delimitados. A morte, sendo uma transição tanto biológica quanto psicológica, precisa do rito como um elemento de elaboração e concretização desta passagem.

A necessidade de ritualização da morte aparece, portanto, de diversas formas. Na civilização greco-romana pode-se verificar novamente a tendência observada na civilização egípcia antiga: a busca pela eternização. Ao esculpir a imagem do morto, como era em vida, este passa a eternamente representar um homem cujas qualidades são ressaltadas na escultura. A morte, neste caso, não transforma o homem, que se mantém honroso e forte *ad infinitum*.

Após o "passeio" pela mitologia, caminhemos às construções funerárias. Depois de meados do século VII a.C., os gregos começaram a esculpir grandes figuras de homens, feitas de mármore e monumentos.

A palavra latina *monumentum* remete para a raiz indo-europeia *men,* que exprime uma das funções essenciais do espírito (*mens*), a memória (*menini*). O verbo *monere* significa "fazer recordar", donde "avisar", "iluminar", "instruir". O *monumentum* é um sinal do passado (...) é tudo aquilo que pode evocar o passado, perpetuar a recordação. Desde a Antiguidade Romana o *monumentum* tende a especializar-se em dois sentidos: 1) uma obra comemorativa de arquitetura ou de escultura (...).; 2) um monumento funerário destinado a perpetuar a recordação de uma pessoa no domínio em que a memória é particularmente valorizada: a morte.[85]

Os monumentos funerários tinham, essencialmente, a função de guardar a memória do morto e, portanto, não eram guardadas quaisquer memórias, apenas aquelas que a história julgava merecedoras. Apesar disto,

> Na Roma Antiga, toda a gente, inclusive alguns escravos, possuía um local de sepultura (*loculus*) e esse local era muitas vezes assinalado por uma inscrição. São inúmeras as inscrições funerárias (...) Significam o desejo de conservar a identidade do túmulo e a memória do desaparecido.[86]

Os romanos colocavam suas tumbas em locais em que pudessem ser admiradas pelos passantes. Havia a crença de que de alguma forma a atividade vital permanecia com os mortos. Por isso, era costume corrente decorar as tumbas com grinaldas de flores e colocar oferendas de vinhos e alimentos diante delas, acreditando que o morto precisaria da oferta, onde estivesse. Além de alimentos e bebidas, junto ao corpo eram também agrupados objetos de uso pessoal.

Em algumas ocasiões especiais, animais eram sacrificados nos ritos de morte, a fim de se servir uma oferenda com sangue. Havia o costume também de se celebrar um banquete no aniversário de morte dos romanos.

---

[85] LE GOFF, Jacques. "Documento/Monumento", in: Enciclopédia Einaudi, vol. 1, 1983.
[86] ARIÈS, Philippe. *Sobre a História da Morte no Ocidente: da Idade Média aos Nossos Dias*, p. 39.

Ao defunto era importante uma morada adequada, e, mais do que ao defunto, aos vivos, uma vez que se acreditava na volta dos espíritos daqueles cuja família não teve respeito com seus rituais de morte. Os espíritos poderiam lesar os vivos. Um dos elementos impulsionadores das construções funerárias em Roma era, portanto, o medo dos vivos para com os mortos. "Um dos objetivos dos cultos funerários era impedir os defuntos de regressar e perturbar os vivos",[87] por isso, em Roma era proibido o enterro das pessoas *in urbe,* dentro das cidades.

Os rituais fúnebres de pessoas importantes na sociedade eram acompanhados de escravos e de pompa. Paulatinamente, foi-se abandonando a incineração ou cremação e adotando-se a prática da inumação ou enterramento. Neste processo, surgem os sarcófagos em meados do século II d.C. Os sarcófagos romanos são fragmentados e possuem um rosto principal decorado sob molduras e quatro pequenos círculos nos extremos. Estes túmulos eram decorados de diversas maneiras, representando mitos gregos, batalhas romanas, acontecimentos da vida do morto, estações do ano, prazeres do mundo... Alguns sarcófagos são usados na atualidade como mesas de altares.

## 1.5 – Algumas curiosidades de outros povos sobre sua relação com a morte

Os Persas vinculavam a morte com o mal, acreditando que os cadáveres pertenciam a espíritos ruins. Por tal motivo, era necessário um completo afastamento do morto, evitando

---

[87] Ibid., p. 25.

"contaminação". "Não se devia queimar o corpo (o fogo ficaria imundo), nem enterrar (a terra se sujaria)", tampouco "o atirar às águas (as águas se conspurcariam)".[88] O ritual fúnebre implicava depositar o cadáver sobre um local elevado e descoberto, voltado para o sol. Depois, os vivos deveriam fugir rapidamente dos "demônios" da morte (doença, imundice, velhice).

Maria Amélia Salgado Loureiro[89] afirma que os judeus antigos colocavam o cadáver com o joelho junto ao queixo, recordando a posição fetal, bem como a da criança no seio da mãe. Muitas vezes, o cadáver era rodeado por utensílios (armas, facas, ornamentos...). Já entre os árabes, nos primeiros séculos do Islão, cada morto era enterrado em seu local de origem, entretanto, algumas mudanças se observam nos enterramentos a partir da Idade Média, quando os corpos passam a ser enterrados com o rosto voltado para Meca. Com exceção dos momentos de epidemia, "era proibido colocar dois cadáveres numa mesma cova para 'não criar atropelos no momento da ressurreição'".[90] Isso mostra como o ritual fúnebre se ligava diretamente ao destino pós-morte, como observamos na tradição greco-romana. Já era costume colocar uma inscrição sobre o túmulo com data da morte, nome do defunto, idade e motivo da morte. No século XII, construiram-se monumentos e mausoléus, ligados a pessoas importantes.

Entre os chineses, a cremação era uma prática comum em relação à inumação, evitada por conta do alto custo. Ademais, as crenças budistas pregam que o fogo tem o poder de regene-

---

[88] LOUREIRO, Maria Amélia Salgado. *Origem Histórica dos Cemitérios*, p. 14.
[89] Ibid., p. 17.
[90] Ibid., p. 19.

ração, reforçando a importância de se incinerarem os corpos entre alguns grupos orientais. Segundo Engler,[91] um exercício interessante presente nas práticas budistas é meditar sobre as fases da morte, sobre o caminho do desligamento do corpo à alma. A meditação envolve imaginar a si próprio em processo de decomposição.

No Taoísmo, vida e morte equilibram-se, como yin-yang, e outras energias. Por isso, prega-se o treinamento do corpo, a fim de se atingir a imortalidade da alma. Um ponto interessante na cultura chinesa é que a organização da entrada das almas no céu espelha-se nas relações sociais do mundo de cá. Há muita burocracia na passagem das almas, é necessário passaporte, carimbo e pede-se até propina para se atravessá-las.[92]

Pode-se apontar que Budismo e Hinduísmo fazem um contraponto interessante com relação à morte. No primeiro, com a morte, "o eu vira nada", pois há uma negação do ego e um desprezo pelo corpo nessa condição. O que importa é o Nirvana, o estado a ser atingido pela alma. Já no segundo, há a concepção de uma eterna criação e recriação do mundo (dança de Shiva), sendo tudo temporário, e a humanidade passa por ciclos: Idade de Ouro, de Prata, de Bronze, e finalmente de Ferro. E, na hora da morte, "o eu vira tudo", pois todas as pessoas passam por todos os ciclos de reencarnação. Resumidamente, a maior parte das tradições religiosas orientais acredita numa visão cíclica do mundo e dos indivíduos. Vida e morte estabelecem um continuum.

---

[91] ENGLER, Steven. A morte e o pós-morte nas religiões do mundo, *Casa do Saber*, 2007.
[92] Ibid.

Samsara, ciclo de vidas: a transmigração da lama.[93]

---

[93] In: *The Bhaktivedanta Book Trust International*, Inc. Disponível em: http://www.bbti.org. Acesso em 08/2007. A imagem mostra a vida e a morte num *continuum*, em um ciclo permanente de reencarnações, como nas concepções taoístas e budistas. Ao centro, o símbolo do infinito (um oito deitado) reforça essa ideia de continuidade e ciclos. As imagens clássicas da morte (esqueleto, com capa e foice) e de um ser angelical ou benfeitor (mulher delicada, lânguida, ligada à vida) são usadas para opor as duas etapas da existência; opor de modo complementar. É interessante que nesse ponto a figura parece retratar a morte como masculina (notar a face), que recolhe mais pesadamente as almas, e a vida como feminina, que as doa, gera e devolve para o mundo. As cores também indicam esses estados de contraste entre peso e leveza. A água (símbolo do inconsciente e da vida), a terra (símbolo da experiência concreta), o céu (símbolo da ascensão e da espiritualidade), o sol (símbolo de iluminação e esplendor), as montanhas (símbolo de quietude e sabedoria acumulada do tempo) e os animais (em destaque: cavalos, bois e ursos, símbolos, respectivamente de: impulsos/energia de libido; bondade, e inconsciente/instintos) em meio a uma figura humana (lado direito da imagem) parecem indicar também fazer parte da evolução, como nós. A ilustração dá aos animais a condição de "almados", também nesse ciclo de vida e morte.

## 1.6 – Reflexões conclusivas do capítulo

Recorreremos, ao longo de todo o texto, a diversos elementos deste capítulo, justamente por se tratarem do universo da Antiguidade Clássica, que teve marcada influência em nosso pensamento ocidental, de matriz judaico-cristã. Mas também por conta da importância que essas sociedades atribuíram à morte, com uma riqueza simbólica evidente.

Guardando a ideia de que o imaginário mantém um compromisso com o real, através da conexão simbólica entre os universos interno e externo do indivíduo, pode-se compreender o Além como uma representação imaginária de um universo paralelo ao real, no qual existem regras e seres que seriam o espelho desse mundo. E para se chegar ao Além, tem-se a travessia, o estado liminar, em que tudo parece suspenso.

Como imagens de estados liminares apresentam-se mais comumente nessas sociedades a barca e o rio da morte (Barca do Deus Sol, barqueiro Caronte) e o tribunal (Maat, Hades), além dos castigos e do sofrimento às almas condenadas e da bem-aventurança aos "puros", imagens, já do outro lado, após a definição dada pelo estado liminar. Como vemos em muitos cemitérios modernos, a Antiguidade demarca a morte com os monumentos (dolmens, estelas, pirâmides), e a crença que subjaz a essas construções é a de que a alma do morto permanece e necessita de ornamentos, alimentos e outros objetos para se manter bem na travessia.

Pudemos observar que na antiguidade clássica a morte atua através de figuras ligadas ao seu universo: Hades, Thanatos, Anúbis, Maat, Caronte, Cérber... E pode-se dizer que existe uma ênfase no processo pós-morte, nos ambientes para onde a alma se destina, no processo de preparação para a outra vida.

Em geral, o julgamento está relacionado aos atos do ser em vida, como veremos no universo cristão no próximo capítulo. Entretanto, deve-se considerar que aos deuses greco-romanos eram atribuídas características humanas; portanto, na morte, não há um julgamento de um Deus justo sobre os demais, ao contrário, o que impera são as vontades e os caprichos divinos, de forma independente ao merecimento dos réus.

As diferenças entre as classes sociais parecem ser marcantes na maior parte das sociedades antigas. E, finalmente, devemos lembrar-nos da ideia cíclica entre vida e morte presente em civilizações orientais. Estes elementos citados fornecem a compreensão inicial do imaginário que tentamos paulatinamente desenhar. O próximo capítulo encarrega-se de apresentar a perspectiva cristã, outra matriz de fundamental importância em nossa experiência religiosa.

# 2
# Imaginário cristão de morte: a luta pela salvação da alma

## 2.1 – O Além cristão medieval, o medo e o Juízo Final

Pretende-se, com este capítulo, investigar elementos do imaginário cristão que tiveram marcada importância na percepção brasileira em relação à morte, por conta de nossa matriz essencialmente católica, a qual discutiremos no próximo capítulo. Procuramos investigar os "espaços" que compunham o Além cristão na Baixa Idade Média, como Purgatório, Paraíso e Inferno, bem como compreender as transformações na visão de Juízo Final da parte do clero e da população em geral.

Uma descrição de Le Goff[94] nos põe a par do imaginário em torno do Juízo Final:

> O inferno ou o paraíso podem ser o amanhã. E os santos estão no paraíso e os indubitavelmente condenados (inumeráveis) estão no inferno. Nos séculos XII e XIII, o sistema espacial do Além racionaliza-se e transforma-se

---
[94] LE GOFF, Jacques. *O Homem Medieval*, p. 26.

num sistema de três e de cinco lugares. Existem três lugares essenciais: o Inferno, o Paraíso e, entre eles, um Além intermediário e temporário onde os mortos que foram manchados apenas com pecados veniais ou que se encontram em estados de penitência ainda não cumprida, passam um lapso de tempo mais ou menos prolongado: o Purgatório, que assume sua forma definitiva no século XII.

Esse modelo traz logo de início uma preocupação clara: os "indubitavelmente condenados" são "inumeráveis". Portanto, parece que o inferno é mais populoso que o paraíso, sendo mais provável o primeiro destino que o último.

Le Goff afirma que o purgatório firma-se no imaginário cristão como um lugar mais "geograficamente" definido no Além por volta do século XII, quando a Europa medieval passa por profundas transformações socioeconômicas. O crescimento demográfico já vinha se consolidando desde o século X, por conta, entre outras razões, do fim das invasões bárbaras e do sistema feudal, que, em função do distanciamento geográfico dos feudos, permitia isolar epidemias. Elementos como a reabertura do comércio entre árabes e europeus e a desagregação definitiva do Império Romano contribuíram para que o Ocidente finalmente começasse a sair do período de decadência produtiva.

Além das Cruzadas, que foram um evento de marcada importância no século XII, as mudanças na oralidade e no uso da cultura do povo medievo também são uma característica a ser considerada,[95] ao se analisarem as transformações sociais da

---

[95] DEUS, Paulo Roberto Soares de, Paraísos Medievais: esboço para uma tipologia dos lugares de recompensa dos justos no final da Idade Média. *Mirabilia 4*, 2004.

época. As universidades nascem e passam a dar dinamismo à cultura, e a escrita passa a ser mais necessária em atividades comerciais. "O verdadeiro fervilhar intelectual do século XII foi acompanhado por um crescimento da atividade cultural laica. A cultura letrada começou a deixar de ser um privilégio do clero."[96] Nessa época pululam contos, poemas e histórias de batalha. Obviamente, a oralidade escrita dos leigos ainda não é suprema, mas começa a ocupar um lugar significativo na sociedade, modificando lentamente o padrão cultural do povo da Idade Média.

Hilário Franco Júnior[97] considera que os dois estratos da sociedade medieval, como dividida por Le Goff[98] – cultura clerical e tradições folclóricas (não letradas) –, embora distintos em muitos aspectos, como ideologia e atividades cotidianas, eram unidos em alguns pontos de vista, como o religioso, especialmente no que se refere às ideias de salvação. Esse autor afirma que o cristianismo e a crença na salvação eram os pontos de coesão desses grupos. Portanto, era justamente nas crenças sobre a morte que se uniam as esferas da sociedade medieval.

E as tradições folclóricas, ao começarem a se manifestar mais efetivamente através da escrita, trouxeram a "revivação" de elementos pagãos, de materiais e crenças pré-cristãs, estabelecendo lentamente um novo padrão cultural, que trouxe alterações na vivência da espiritualidade.

---

[96] DEUS, Paulo Roberto Soares de, *Paraísos Medievais: esboço para uma tipologia dos lugares de recompensa dos justos no final da Idade Média*. *Mirabilia 4*, 2004
[97] FRANCO JÚNIOR, Hilário. *A Eva barbada: ensaios de mitologia medieval*, p. 73.
[98] LE GOFF, Jacques. *Para um novo conceito de Idade Média*, 1985.

(...) os tratados religiosos, escritos em latim, estavam por demais afastados da população em geral. Como ficavam os indivíduos leigos e iletrados, inseguros de seu destino no pós-morte? Era necessário, então, recorrer à sabedoria popular, ou seja, ao conjunto das tradições pré-cristãs, aos mitos e sagas contadas geração após geração (...). No entanto, estas histórias haviam passado por uma reelaboração feita pelo pensamento cristão da Alta Idade Média, uma vez que foram usadas conscientemente pelo clero com finalidade de catequese ao se buscar similaridades formais em que os dogmas cristãos pudessem encontrar espaço.[99]

O clero passa, então, a incorporar elementos de crença da cultura folclórica, modificando ou adaptando seu significado ao contexto cristão, a fim de fazer a manutenção dos valores católicos essenciais. Há inúmeros exemplos dessa adaptação ou sobreposição de significados, como a já conhecida datação de 25 de dezembro, a qual possui histórias pagãs anteriores ao Natal oficializado por Roma.[100] Le Goff[101] denomina de *desnaturação* esse processo de "substituição" gradativa de significados, alterando os temas folclóricos para uma leitura cristã.

---

[99] DEUS, Paulo Roberto Soares de. "Paraísos Medievais", in: *Mirabilia 4*, 2004.
[100] Em uma das versões, afirma-se que no dia 25 de dezembro eram comemoradas as "saturnálias" – festa pagã romana em homenagem ao solstício de inverno e ao deus Saturno, da colheita, que permitia o descanso da terra durante a rigorosa estação. Essa festa teria sido oficializada pela Igreja católica séculos depois do ano zero, para fins políticos.
[101] LE GOFF, Jacques. *Para um novo conceito de Idade Média*, 1985.

O medievalista Jacques Le Goff também organizou uma obra[102] que trata, entre outros temas, de relatos e imagens do Além e de como o clero lidou com os mesmos, trazendo essa discussão da adaptação de conteúdos pagãos para o cristianismo. Até o século III, aproximadamente, ainda se podem pinçar relatos do Além, como a *Narrativa de Zózimo*[103] (século III), que conta a história de um eremita que jejuou por quarenta anos no deserto e que pediu a Deus que permitisse ver a vida dos que estavam no Paraíso. Apesar de ter sido levado por um anjo às margens do rio, o qual nenhum ser vivo poderia atravessar, Zózimo reza, ajoelhado, suplicando pela visão. Em resposta, uma árvore o conduz ao outro lado e ao encontro de um homem nu, que lhe conta acerca da vida abençoada no Paraíso. Após ter seu desejo de conhecer a bem-aventurança satisfeito, Zózimo retorna à sua vida, na qual permanece até a morte, quando junta-se aos abençoados.

Essa narrativa mostra elementos pagãos, como o rio que não pode ser atravessado por nenhum ser vivo, e também reflete a preocupação do cristão com a salvação, a bem-aventurança e, finalmente, como o caminho para se chegar ao Paraíso é repleto de esforço e obstáculos. Essa dificuldade na travessia também aparece em outra história[104] do século III, que traz a imagem de uma escada de bronze que leva até o céu. A subida deveria ser realizada com cuidado, pois havia lâminas na escada e um

---

[102] LE GOFF, Jacques. *O imaginário medieval*, 1994.
[103] ROBERTS, Alexander; DONALDSON, James apud DEUS, Paulo Roberto Soares de. "Paraísos Medievais", in: *Mirabilia 4*, 2004.
[104] Cf. DEUS, Paulo Roberto Soares de. "Paraísos Medievais", in: *Mirabilia 4*, 2004.

dragão que ameaçava os que caíam. Na chegada, um pastor e milhares de pessoas vestidas em braço e louvando a Deus.

Entre os séculos III e VII, no entanto, Le Goff observa que houve um período de estagnação desses relatos e literatura. Segundo ele, o conceito de Purgatório ainda não estava impregnado no imaginário coletivo cristão. Ele afirma que se pode ver "um material imaginário (...) decantar-se"[105], até chegar à conjuntura social do século XII, em que a ideia de Purgatório parece viva.

Constitui-se, assim, naquele momento, um *núcleo duro* de elementos que se repetiram em todos os relatos visionários acerca do Paraíso: o clima sempre agradável, árvores opulentas, um ou mais rios, uma fragrância deliciosa no ar, uma barreira que o aparta do mundo, um jardim e... a morte. O paraíso não é para os vivos, apesar de ser para os homens.[106]

Adriana Zierer[107] afirma que houve muita confusão conceitual entre Purgatório e Inferno, uma vez que ambos eram considerados locais de tortura. Entretanto, já no final da Idade Média, após o impacto da Peste Negra, esses espaços imaginários tornaram-se mais definidos, por conta da importância que a morte assume. A passagem abaixo, do século XIII, ilustra essa confusão:

---

[105] LE GOFF, Jacques. *O nascimento do purgatório*, p. 122.
[106] Cf. DEUS, Paraísos Medievais, Paulo Roberto Soares de. *Mirabilia 4*, 2004. A passagem refere-se ainda ao período "pré-purgatório" de Le Goff.
[107] ZIERER, Adriana. "Paraíso versus Inferno: a Visão de Túndalo e a Viagem Medieval em Busca da Salvação da Alma (séc. XII)", in: *Mirabilia 2*, 2002.

O Inferno está no meio de um lugar que fica dentro do coração da Terra. Tal lugar é trancado e fechado, e ali existe pena por todos os tempos. Esta pena acontece em quatro lugares: o Inferno, onde estão os danados que nunca sairão; **o Inferno chamado Purgatório**, onde o homem cumpre penitência pelas coisas que não cumpriu neste mundo; o terceiro Inferno, chamado *Abraão*, lugar onde entraram os profetas que viveram antes do Filho de Deus ser encarnado, e o quarto Inferno, onde entraram as crianças que não foram batizadas.[108]

Para Phillipe Ariès,[109] até o século XII a morte era coletiva, relacionando-se à espécie. "O homem daqueles tempos achava-se profunda e imediatamente socializado" ou "a familiaridade com a morte é uma forma de aceitação da ordem da natureza", e, finalmente:

> o homem submetia-se na morte a uma das grandes leis da espécie e não pensava nem em se lhe esquivar nem em a exaltar. Aceitava-a simplesmente como justa, o que carecia de solenidade para marcar a importância das grandes fases por que todas as vidas devem passar.[110]

---

[108] Grifo nosso. LLULL, Ramon. *Doutrina para crianças (1274-1276)*. O terceiro e quarto Infernos referem-se, respectivamente, a um lugar próximo ao Paraíso e ao Limbo. Ambos os "espaços geográficos" do Inferno sofreram alterações com o tempo.
[109] ARIÈS, Philippe. *Sobre a História da Morte no Ocidente: da Idade Média aos Nossos Dias*, 2003.
[110] ARIÈS, Philippe. *Sobre a História da Morte no Ocidente: da Idade Média aos Nossos Dias*, p. 31.

Portanto, a morte, nos primeiros séculos do cristianismo, na visão de Ariès, não passava por um julgamento de ações individuais, nem por uma condenação das almas, nesse âmbito. A morte referia-se a algo a ser vivido pela espécie, por isso não fazia sentido pensarmos em uma responsabilidade individual que levaria a este ou àquele destino no mundo dos mortos. A espécie "merece" a morte, na medida em que cometemos o pecado original, que trouxe uma crise de valores, invertendo a lógica da vida e da morte. A vida aqui na Terra é uma morte do espírito, a verdadeira vida cristã é a bem-aventurança, a morte, para a qual devemos nos preparar durante a existência terrena cuidando de nossas ações. Nascemos para o paraíso, não para a morte. O pecado original traz uma crise moral e um inimigo a ser destruído: a morte.[111] Essa ideia cristã será brevemente retomada no quarto capítulo, por meio do relato de um sepultador, que atribui à morte um valor de castigo pelos pecados humanos.

A iconografia cristã registra essas mudanças de visões que ocorreram a partir do século XII. Tribunais de justiça passam a ocupar um espaço que antes acenava apenas para a ressurreição das almas e para o regresso de Jesus. O agora Cristo-juiz pode condenar ou absolver e cada homem passa a ser julgado por suas ações. Em uma balança, as boas e más condutas são pesadas, remetendo-nos à balança de Maat, deusa egípcia que pesava os corações humanos na hora da morte.

---

[111] I Coríntios 15,21-26.

A morte a cada um mede
Seu devido, com a mão justa e segura,
E pesa tudo a justo peso.[112]

Este Cristo-juiz é em seguida modificado por um Cristo ou um Deus que somente testemunha enquanto o julgamento é realizado. O juízo não se relaciona mais somente à espécie, mas ao indivíduo. O poema abaixo, do século XII, ilustra o momento em que as duas visões ainda estavam presentes, reforçando a importância do arrependimento da purificação (limpeza da alma) na hora da morte:

**É a sorte comum: espera-se**
A morte e depois o juízo.
O único remédio é ainda
**Lavar-se** completamente,
Sem tardar, arrependendo-se
Do que causa remorsos.
Quem não o faz antes da morte
Lamentar-se-á muito tarde e sem razão.
Quando vier o castigo.[113]

Essas mudanças, encontradas em representações das *Ars Moriendi*, já assinalam que a morte não é mais vista apenas como coletiva, já que começam a ser introduzidos elementos da "morte de si

---

[112] Poesia do século XII, escrita por um monge. Hélinand de Froidmont: *Os Versos da Morte*, 1986.
[113] FROIDMONT, Hélinand de. *Os Versos da Morte*, p. 75.

próprio", que assume um tom muito mais dramático e pesado que nos séculos anteriores. Portanto, contrariamente a muitos autores que atribuem a intensificação da consciência da individualidade à era moderna, Ariès mostra que desde o século XII já se podem ver traços dessa consciência, ao menos no que se refere à morte.

Levando-se em conta as adequações que o clero implementava e que a população assimilava e promovia lentamente, atentemo-nos à questão da salvação, que foi por muito tempo entendida como coletiva, estando designada aos cristãos. Mas não a quaisquer cristãos; somente àqueles que se redimissem do pecado original da espécie humana através de uma conduta moral exemplar, que não permitisse vazão aos desejos e tentações. A conduta ascética seria, portanto, o recurso para se chegar ao paraíso e à boa morada na vida eterna, livrando-se, no momento do Julgamento Final, das penúrias do inferno.

Mas eis a grande pergunta: a que julgamento estamos nos referindo? Do grande Juízo, que convoca toda a espécie humana? Ou do julgamento individual, logo após a morte? Haveria dois julgamentos? Em caso afirmativo, o cristão seria submetido aos dois, como qualquer outro ser humano que não se submeteu em vida aos preceitos católicos morais rígidos? As respostas a essas perguntas não são facilmente encontradas até hoje e variam de acordo com a escola escatológica da qual falamos.

Ramon Llull[114] narra, por volta do ano 1275, as seguintes afirmações acerca do Juízo:

---

[114] LLULL, Ramon. *Doutrina para crianças*, p. 1274-1276. Do prólogo. Dos 13 artigos, XII.

• Quando o número dos santos que estiverem na glória estiver completo nos tronos de onde os demônios caíram, acontecerá a ressurreição geral dos bons e dos maus, e todos virão ouvir a derradeira sentença da qual nenhum homem poderá apelar e nem escusar.

• Naquele dia maravilhoso, ressuscitarão os corpos dos homens, os quais eram pó e cinzas na terra, esperando a sentença que seria dada no dia do Juízo pelo Filho de Deus.

Dessas afirmações sucintas, podemos extrair algumas reflexões: sim, o Julgamento era para todos, inclusive os cristãos. O autor do século XIII parece referir-se ao Juízo Final de toda a espécie e não parece citar o julgamento que sucede a morte individual e que define o destino do ser até que a ressurreição e o Juízo Final cheguem. Assim como parece haver dois juízos e várias instâncias do Inferno, os paraísos também são múltiplos.

O Paraíso de Adão e Eva (terrestre) é considerado um espaço diferenciado do Paraíso celeste – local em que os justos aguardam o Juízo Final, ao qual o homem só pôde voltar após o sacrifício de Jesus Cristo, redimindo-nos do pecado original. E, finalmente, a Jerusalém Celeste é o espaço da eterna morada, da vida na bem-aventurança, reservada aos bons cristãos após o Juízo.

Reflitamos: se o Paraíso Celeste – segundo paraíso – é um local destinado somente aos "justos" que aguardam o julgamento, a ideia de dois juízos parece desenhar-se mais claramente, uma vez que para se encaminhar a esse local já se faz necessária uma primeira "triagem" das almas.

Os três paraísos podem relacionar-se com tempos humanos, estando o primeiro situado no passado, na origem da humanidade; o segundo, em seu presente, já que se constituirá na morada próxima da vida terrena; e o terceiro, em seu futuro, referindo-se à eterna morada, encerrando sua trajetória.

Em termos de imagem, o Paraíso de Adão e Eva teria uma descrição mais rica, em função dos relatos de Gênesis e de elementos como animais, plantas e rios, que compunham um clima bucólico e se estrelaçavam com relatos populares, sendo enriquecidos com o tempo. Nas narrativas folclóricas/populares, o local de recompensa seria idêntico ao Paraíso terrestre. O segundo e terceiro paraísos relacionam-se mais aos "produtos da cultura clerical/letrada",[115] que atribuíam descrições imagéticas distintas ao Éden e à Jerusalém Celeste.

Segundo Deus,[116] essas concepções eram transmitidas através de histórias contadas em púlpitos ou ao redor de fogueiras, trazendo educação cristã com humor. E as histórias refletem as visões de pós-morte da cultura popular medieval.

---

[115] DEUS, Paulo Roberto Soares de. "Paraísos Medievais", in: *Mirabilia 4*, 2004.
[116] Ibid.

Jardim do Éden (c. 1410).[117]

A ideia do Juízo é intensificada por conta dos horrores da Idade Média, como peste, fome, Cruzadas, que aproximam o homem do imaginário mórbido. O chamado "medo do Ocidente", o qual Delumeau[118] descreve como uma consequência às ideias de pecado e inferno, está intrinsecamente relacionado com a morte e com as noções de paraíso e inferno.

---

[117] In: CLARK, Kenneth. *Paisagem na arte*, 1949. A imagem contém elementos bucólicos, que sugerem um mundo de contemplação, delicado, leve, nos quais os cinco sentidos são satisfeitos pelas percepções harmônicas de cores e ações dos personagens, que parecem indicar uma integração entre ser humano e natureza. Deve-se notar que há no quadro predominância significativa da figura da mulher, exaltando elementos do feminino, como: delicadeza, doçura, sensibilidade. O Jardim do Éden, Paraíso Terrestre, seria, portanto, um local campestre, absolutamente belo e tranquilo, e, pode-se dizer, um ideal de lugar, de experiência de vida.
[118] DELUMEAU, Jean. *O pecado e o medo*, 2003. Cf. também: *História do medo no Ocidente*, 1999.

O medo faz parte da condição humana. Todos os medos levam ao medo da morte. E estamos todos submetidos à morte. Mas os medos mudam no tempo e no espaço em função dos perigos que se apresentam à humanidade. Não podemos raciocinar sobre o medo sem levar em conta a necessidade de segurança, fundamental ao ser vivo.[119]

    O medo medieval é totalmente compreensível diante de um cenário bastante instável. A morte neste contexto surge envolvida pelo horror do julgamento sobre as ações dos indivíduos, lembrando-nos do caminhar feito em relação à compreensão do Juízo, já exposta. A possibilidade de queimar eternamente no inferno associada à imagem do Deus punitivo, ao qual se deve temer, configuram um imaginário que opõe prazer e salvação, atrelando o primeiro à noção de pecado e condenação eterna.

    A vida vivida sob a boa conduta é uma existência de martírios. O sofrimento da vida garante a tranquilidade da morte, que é, na verdade, a existência eterna, pela qual vale sofrer.

    A alma no teu espelho se mire,
Ó morte, quando lhe for preciso partir.
No teu livro se lê claramente
Que para Deus lhe é necessário escolher
A vida que faz mais sofrer
E renunciar aos prazeres.
Morte, dize aos meus amigos como
Os eleitos do céu têm abrigo
Por terem sofrido o martírio.

---

[119] DELUMEAU, Jean. Entrevista para *O Globo online*, 2004.

Que cumpram então seu juramento;
A alma que a Deus mente se perde.
Que fosso entre fazer e dizer.[120]

Apesar das diferenças entre classes sociais no morrer – sabe-se que à nobreza sempre foram reservados os "melhores" locais de enterramento e as maiores pompas nos rituais fúnebres –, o medo da morte e de todos os fantasmas que circundavam o imaginário de terror da Idade Média transpunha as situações de classe. "Os medos permanentes eram mais frequentemente compartilhados por indivíduos pertencentes a todas as categorias sociais."[121]

A vida aqui em baixo é um combate, um combate pela salvação, por uma vida eterna; o mundo é um campo de batalha onde o homem se bate contra o Diabo, quer dizer, em realidade, contra si mesmo. Pois, herdeiro do Pecado Original, o homem está destinado a se deixar tentar a cometer o mal e a se danar. [...] A presença do Além deve ser sempre consciente e viva para o cristão, pois ele arrisca a salvação a cada minuto da sua existência.[122]

O intenso medo medieval gerou inúmeras iconografias sobre o mundo pós-morte, construindo um imaginário acerca do céu, do inferno e do Juízo Final. Ao final da Idade Média, já entrando no Renascimento, vê-se uma quantidade considerável

---

[120] FROIDMONT, Hélinand de. *Os Versos da Morte*, p. 25.
[121] DELUMEAU, Jean. *História do medo no Ocidente*, p. 19.
[122] LE GOFF, Jacques; SCHMITT, Jean-Claude. *Dicionário Temático do Ocidente Medieval*, 2002, I: 22.

de imagens ligadas a esses temas, refletindo a importância do papel da morte naquele período. A morte, como já apontado, era vivenciada com o apelo da vida eterna.

Fra Angélico, O Juízo Final, detalhe do Inferno (c.1432-1435)[123]

---

[123] Novamente, lembramos a importância do rio, como um elemento divisor de mundos no Além. As barcas indicam a travessia, a viagem que as almas terão de percorrer. No plano inferior, as figuras são transferidas para a barca do inferno, à direita, superpovoada.

A disputa pelas almas é um tema característico do Juízo Final, que vem acompanhado pelo horror ao Inferno. O medo da condenação eterna era algo extremamente presente na Idade Média, a ponto da culpa se tornar o grande alimento para a alma humana pecadora. "O medo aparece sobretudo depois do pecado. O medo de ir para o inferno é o grande pavor humano. Temos medo da punição, do inferno e do purgatório."[124]

Na página seguinte, para finalizar esse item, a obra de Michelangelo Buonarroti, que já foi minuciosamente estudada, tamanha a riqueza de seus detalhes. Este livro não visa uma análise apurada da pintura, mas perceber alguns elementos que caibam no contexto desta pesquisa. Primeiramente, o que se sobressai é a intensa movimentação presente na imagem, denunciada pela quantidade numerosa de figuras. A grandiosidade envolvida nesse cenário sugere que o acontecimento é de fundamental importância.

No plano superior algumas figuras se agarram a uma enorme cruz (do lado esquerdo) e a um pilar (lado direito) como objetos de salvação. As figuras têm seu olhar direcionado para baixo, podendo assistir aos acontecimentos dos planos inferiores. Logo abaixo, uma figura central – Cristo –, apresentando-se sem barba, reúne em torno de si um aglomerado de seres, à sua direita, esquerda e na parte de trás. Este ponto da imagem parece ser o núcleo da mesma, palco dos acontecimentos que estão por vir. São Bartolomeu, à direita e abaixo de Jesus, apoiado em uma nuvem, parece carregar sua própria pele, num símbolo de desnudamento do que fora anteriormente. Essa imagem sugere que São Bartolomeu tenta se despir de seus pecados e experiências anteriores, diante da urgência do Juízo Final. Pode ser compreendida como uma imagem de purificação, renovação e salvação.

---

[124] DELUMEAU, Jean. Entrevista para *Jornal do Brasil*, 2004.

Num plano um pouco inferior a este, seres ainda parecem desesperados para subir, mudar de patamar e, em última instância, salvar-se. Alguns se apoiam nos braços das figuras que já estão acomodadas; outros, principalmente à direita da imagem, empurram-se, como se disputassem entre si os lugares almejados. Entre os dois extremos, há um grupo com trombetas, trazendo o anúncio do Juízo Final. Mais abaixo, pode-se ver o barqueiro recolhendo as almas, novamente em menção à barca greco-romana de Caronte. Violência, ameaça, disputa, fuga parecem povoar os movimentos das figuras neste plano.

Michelangelo Buonarroti, Last Judgment (detalhe) [125]

---

[125] 1537- 41.

## 2.2 – A morte no leito

A "morte no leito" é uma expressão emprestada de Phillipe Ariès acerca de uma imagem recorrente na Baixa Idade Média, que se convencionou situar entre os séculos XI e XV. Neste momento surgem ou são retomados diversos termos ligados à arte e às representações, tentando dar conta de um universo que se torna, a partir dos séculos XI / XII, cada vez mais ameaçador: a morte. *Ars moriendi, danças macabras...* são tentativas artísticas, religiosas e filosóficas de expressar a angústia que este tema passou a despertar no ser humano, principalmente com a força da ideia da salvação e da possibilidade de sermos condenados.

Ressurge, com novo fôlego, a expressão *memento mori*, que na pastoral cristã sempre esteve ligada à experiência de relembrar o valor da vida, significando um "incentivo a viver bem (...), viver de acordo com o fim para que cada homem foi criado: a bem-aventurança eterna".[126] Essa expressão passa a dar foco para o bem-viver e o bem-morrer, os quais se determinam mutuamente, precisando um do outro para existir, na concepção cristã medieval.

Claudia Rodrigues[127] nos lembra que as imagens e os textos que compunham as *ars moriendi* tinham uma função pedagógica: ensinar aos cristãos como se preparar para a "boa morte". As iconografias dos séculos XIV e XV traziam reco-

---

[126] TAVARES, Pedro Vilas Boas. "Hora e Imagens da Morte na Pastoral Missionária. Os brados do Bispo de Cabo Verde, D. Frei José de Santa Maria de Jesus (1731). Os últimos fins na cultura ibérica (XV-XVIII)", in: *Revista da Faculdade de letras, línguas e literatura*, 1997.
[127] RODRIGUES, Claudia. *Nas fronteiras do além: a secularização da morte no Rio de Janeiro dos séculos XVIII e XIX*, 2005.

mendações e lembretes sobre as tentações humanas que circundavam o moribundo, as orações que deveriam ser pronunciadas no leito de morte, o comportamento dos familiares na hora do morrer...

O palco onde se desenrolaria o drama da morte cristã daquele tempo (século XV) era, portanto, o quarto do morto, o leito do moribundo. As forças do Bem e do Mal disputavam sua alma nos derradeiros momentos de vida. No quarto, como afirma Ariès, algo perturba o moribundo, "espetáculo reservado exclusivamente"[128] a ele.

A morte era uma cerimônia pública, "organizada pelo próprio moribundo", que reunia amigos, parentes, figuras públicas, médicos e envolvia uma cena sem uma comoção excessiva. Ainda para Ariès, admitia-se a morte pacificamente, aguardando com antecedência a mesma no leito. "Não se morre sem se ter tido tempo de saber que se vai morrer."[129] Eis a "morte domesticada", como descrita pelo historiador, que aparece nas representações iconográficas como morte no leito, parte de um rito coletivo.

Para Philippe Ariès, a consciência da individualidade, ligada à morte, dá um grande salto por volta do século XII. É nessa época também, desde o século XI, que reaparecem inscrições funerárias, comuns nas civilizações antigas, como a greco-romana. Algumas destas inscrições aparecem também com retratos do morto, trazendo uma personalização à morte.

---

[128] ARIÈS, Philippe. *Sobre a História da Morte no Ocidente: da Idade Média aos Nossos Dias*, p. 33.
[129] Ibid., p. 19.

"A iconografia das *ars moriendi* reúne (...) numa mesma cena, a segurança do rito coletivo e a inquietação duma interrogação pessoal."[130] A ideia é: na morte, cada ser humano revê toda a sua história de vida, num único relance, e sua atitude diante dos horrores de suas faltas e das glórias de suas ações determinará seu destino pós-morte. Por isso, junto ao moribundo, além da comunidade que convive com o mesmo, aparecem imagens sobrenaturais, mostrando que o enfermo está vivenciando situações que somente ele mesmo vislumbra.

Essas imagens dos enfermos e moribundos ao leito estendem-se até o século XIX, com modificações dadas pelo contexto histórico. A partir do XVIII, a ideia da *boa morte* ressignifica o valor da conduta moral no morrer e, juntamente com o romantismo, renovam-se as iconografias de morte.

Em resumo, a ideia da morte no leito estaria ligada, segundo Philippe Ariès, a um sentimento de ritualização mais pacífica diante da morte, de aceitação e incorporação da mesma aos hábitos da sociedade. Esta ideia vai ser posteriormente contestada por Norbert Elias, que não aceita a "domesticação" da morte nessa época, alegando que havia muito mais dramaticidade na morte sem recursos tecnológicos ou médicos que pudessem evitá-la, como atualmente temos. O horror medieval trazia a morte para perto das pessoas, não como algo a ser incorporado pacatamente, mas como algo terrivelmente ameaçador. A morte na sociedade contemporânea, esta sim, segundo Elias, é muito mais camuflada e, portanto, domesticada que outrora.

Norbert Elias, levando em conta a proximidade da morte nas sociedades menos marcadas pelos avanços da civilização,

---

[130] Ibid., p. 35.

afirma que de fato a morte fazia-se presente de modo mais imperativo, vivo e terrorificante antes. O que este autor nega é a ideia de passividade da sociedade medieval diante da morte, atribuindo a cada época um mecanismo de mascarar a morte. Ironiza Ariès, chamando-o de "romântico", e afirma:

> A vida na sociedade medieval era mais curta; os perigos, menos controláveis; a morte, muitas vezes mais dolorosa; o sentido da culpa e o medo da punição depois da morte, a doutrina oficial. Porém, em todos os casos, a participação dos outros na morte de um indivíduo era muito mais comum.[131]

Os autores convergem no ponto que se refere à presença da comunidade em torno do morto, significativamente maior que na atualidade. Entretanto, para Elias, isso não se deve a uma aceitação da morte, mas sim a uma organização de sociedade, que hoje está contaminada pelo "surto civilizador"[132] que torna as relações mais individualizadas.

Encobrir a morte da consciência é, reconhece Elias, uma tendência muito antiga na história da humanidade, porém, mudaram os modos usados para esse encobrimento. Se antes, as pessoas recorriam com mais paixão e intensidade à ideia da continuidade da vida em outro lugar – fantasia coletiva ainda significativa – atualmente, os avanços científicos que permitem o prolongamento da

---

[131] ELIAS, Norbert. *A solidão dos moribundos,* p. 23.
[132] Expressão do próprio Norbert Elias, referindo-se ao processo civilizador que teve início cerca de quinhentos anos atrás, com o fim da Idade Média. Ibid., p. 25.

vida e a possibilidade de institucionalizar os cuidados com os velhos e moribundos são as formas mais comuns para encobrir o processo de envelhecer e morrer.[133]

Neste sentido, poderia-se afirmar que houve quase que uma "substituição" do paradigma religioso pelo científico, ambos vistos como tábuas de salvação no enfrentamento da maré revolta da morte. É importante ressaltar que entre a passividade, proposta por Ariès, e o terror (Elias) pode haver uma gama de possibilidades que tentariam aproximar-nos do comportamento das pessoas comuns da Idade Média frente à morte. Começando pelo ponto em que ambos os autores concordam: as fortes bases da crença na vida eterna. Uma sociedade pautada nesta crença parece ter, na morte, um de seus pilares, já que morrer significaria a possibilidade de se encaminhar para uma vida melhor, longe dos sofrimentos. Essa possibilidade, no entanto, não é tão óbvia e simples como se apresenta em uma breve análise. Primeiramente porque, como já apontado aqui, houve mudanças na visão sobre o "outro lado", na medida em que foi se tornando cada vez mais presente a "assombração" de um julgamento pós-morte. A ideia do "Juízo", mesmo inicialmente através do livro da vida no qual as ações do indivíduo ficam marcadas, a ideia da balança, em que se pesa o comportamento humano, a introdução das visões de Inferno e Paraíso – tudo isso contribui para uma mistura de sentimentos positivos e negativos em relação à morte, já que ela é a porta de en-

---

[133]. OLIVEIRA, C. B; PINTO, R. N. Envelhecimento, exclusão e morte: resenha do livro *A solidão dos moribundos...* de Norbert Elias, in: *Revista da Universidade Federal de Goiás*, 2003.

trada para um novo mundo, anunciando novas possibilidades de vida, mas é também a consequência de um processo que se iniciou com as ações desta vida.

Ou seja, parece que havia na Baixa Idade Média (não só naquele tempo) uma ambiguidade de sentimentos em relação à morte, o que não a tornava aceita docilmente, ou pacificamente, como pensa Ariès. Morrer poderia significar a eterna boa-venturança ou os horrores presentes nas ideias de pecado e punição.

O que nos interessa, particularmente neste estudo, é que a metáfora de Philippe Ariès da morte "domesticada" – cuja representação alegórica se dá pela morte no leito – remete-se a uma ritualização específica da morte da qual a comunidade maior participa, junto do morto. Em *História da Vida Privada*,[134] o mesmo autor mostra como a vida do homem medieval era marcada pela coletividade, mergulhada em uma vigilância constante da comunidade para com o indivíduo.

As observações de Norbert Elias – bastante pertinentes – confluem com Ariès neste ponto: uma vez que a presença e os olhares vigilantes da comunidade medieval sobre o indivíduo são marcantes, faz sentido se pensar que a morte era profundamente temida, já que o sujeito seria abandonado à sua própria sorte e julgamento, sob conferência dos valores cristãos partilhados pela comunidade. Nesta linha de pensamento, portanto, faz sentido que a morte "domesticada" seja,

---

[134] ARIÈS, Philippe; CHARTIER, Roger, *História da vida privada*: da Renascença ao Século das Luzes, vol. 3, 1991. Cf. também: ARIÈS, Philippe. *História Social da Criança e da Família*, 1986.

em contrapartida, "aterrorizadora". Esta é a imagem a que vamos nos ater. Por ora, fiquemos com a imagem da morte no leito como representante de uma atitude ritualizada em torno da morte, na qual o ritual e a presença da comunidade são marcantes na hora do morrer. Contudo, não levaremos adiante a ideia de passividade diante da morte, considerando adequadas as observações de Elias.

A serena morte de Santa Elisabeth da Turíngia [135]

---

[135] 1207-1231 (FR 2813), fol. 269v. *Grandes Chroniques de France*. França, Paris, XIV. Como o próprio nome e o semblante da moribunda do quadro sugerem, a morte no leito, como proposta por Philippe Ariès, pode ser bem ilustrada pela "serenidade" com a qual a doente posiciona-se frente a seu fim.

O homem em seu leito de morte (c. 1470) ¹³⁶

---

¹³⁶ Ilustração do livro *A Arte de Bem Morrer*. Xilogravura, cujo objetivo é de "sermão visual", ensinando aos cristãos sobre os acontecimentos que ocorrem nos momentos que antecedem a morte. Próximo do moribundo um monge segura uma vela acesa e há anjos sobre sua cabeceira, levando sua alma em direção ao céu. Também estão presentes ao fundo Cristo, santos e, na parte inferior da figura, demônios, semelhantes a animais ferozes, que também tentam levar a alma do morto e portam dizeres negativos nas faixas.

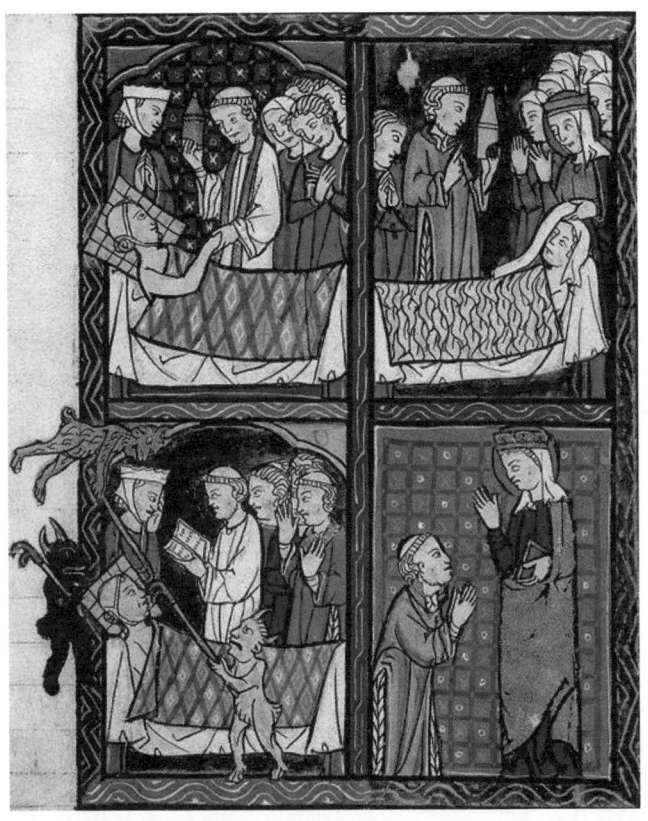

Gautier de Coincy, A morte do Usurário e do Mendigo (1177-1236) [137]

---

[137] Eis mais um belo exemplo da função pedagógica que o cristianismo atribui à morte. A imagem mostra duas mortes distintas: no plano esquerdo, a do usurário, e no direito, do mendigo. O leito de morte do primeiro vem acompanhado de uma bela manta xadrez, de um vistoso travesseiro dourado e do aparente acolhimento da comunidade. Tudo isso indica a posição social privilegiada ocupada pelo usurário. Entretanto, logo abaixo, ainda à esquerda, no tal "espetáculo reservado ao morto" (ARIÈS, Philippe. *Sobre a História da Morte no Ocidente:* da Idade Média aos Nossos Dias, p. 33), vê-se que o moribundo está sendo levado por três demônios, mostrando que na hora da morte o que tem valor é o aparato moral e não o status. O usurário foi uma figura marcante na Idade Média, considerada uma espécie de contra modelo

## 2.3 – Séculos XVIII e XIX:
### A lamentação romântica, a morte secularizando-se e a importância dos cemitérios

Com o fim da Idade Média e com o *boom* da iconografia e produção artística religiosa do Renascimento, passamos a um quadro de modificações de pensamento e cultura que se inicia no século XVII, passando pelo XVIII e XIX, séculos que podem ser considerados como momentos de estruturação do pensamento moderno. Elementos como racionalidade, cientificização do pensamento, descobertas significativas no campo da Astronomia e da Ciência, industrialização, intensificação do capitalismo e da importância das relações de trabalho, revoluções, como a Francesa e a Industrial, são todas características que repercutiram no imaginário fúnebre.

Ariès denomina esse imaginário do período de "morte do outro" com elementos romantizados e dramáticos. A morte é exaltada, e a dor da perda igualmente valorizada, levando a

---

social. Além da pedagogia moral, a pregação cristã também mostra sua face caridosa nesse quadro, uma vez que no plano esquerdo da imagem vê-se o mendigo sendo cuidado pela comunidade religiosa, e logo abaixo o clérigo que o assistiu, agradecendo à Virgem pela graça concedida. É importante ressaltar dois aspectos da imagem: primeiramente, os demônios saem dos limites dos contornos do quadro, o que talvez possa indicar o quão perturbadora é a sua presença. E, finalmente, percebe-se que há na imagem dois tempos distintos: enquanto o usurário está sendo levado para o Inferno, o mendigo já partiu para o Céu, o que nos sugere que existe uma "recompensa" pela vida virtuosa, em oposição à vida e pecados, a qual envolve punição e suplícios eternos.

uma comoção excessiva diante da morte do outro. Passaram a ser recorrentes imagens que envolviam a lamentação do luto, tema que deu origem a "mourning pictures",[138] um estilo de arte surgido em fins do XVIII, que refletia a "obsessão" por um luto profundamente demarcado, tanto pelas vestes quanto pela extravagância do ritual. A era Vitoriana foi marcada por este excessivo apego à morte. O outro torna-se personagem importante, na medida em que as relações sociais e familiares se transformam. O historiador aponta grandes mudanças na sociedade, que passa a introduzir as relações de afeto e confiança entre membros da família e pessoas próximas. Esta relação mais afetiva possibilitou que as "vontades" do morto pudessem ser comunicadas verbalmente à família, sem a necessidade de documentação.

Por isso, modificou-se o hábito que existia fortemente até o século XVIII de fazer uso do testamento como forma de expressão dos "pensamentos profundos", da "fé religiosa", do "apego às coisas e aos seres amados" e da justificativa de merecimento da salvação da alma. Até então, a prática do testamento mostrava certo receio do morto de não ser escutado; por tal motivo, documentavam-se suas vontades, "obrigando" moralmente a sociedade a acatá-las. A partir do século XVIII, no entanto, o testamento foi "laicizado", passando a conter apenas informações legais de distribuição de fortuna, já que as relações de parentesco passaram a fortalecer a identidade do indivíduo.

A lamentação romântica promove uma necessidade à família do morto: visitar o túmulo do ente querido, como um sinal de respeito ao luto. A partir do século XVIII, portanto,

---

[138] Literalmente: "pinturas de luto".

uma outra transformação social é significativa no que concerne à morte: passa a ser importante localizar-se a sepultura do morto, que antes era simplesmente delegada à Igreja, a qual não demarcava a sepultura nem com uma simples inscrição.

O aglomerado de mortos nas Igrejas passa a ser visto como uma vergonha social, algo sujo e indiscriminado, que não tratava a morte com o devido respeito exigido por aquela sociedade do século XVIII / XIX. A saúde pública passa a combater este costume, pois se vê diante de odores fétidos e indícios de doenças, certamente reforçados pela indiscriminação entre o espaço dos vivos e dos mortos.

Obviamente, inicia-se uma disputa entre Igreja e alguns grupos da sociedade, principalmente a classe médica. Neste sentido, a história dos cemitérios está diretamente relacionada à história da Igreja católica no século XIX e ao processo de secularização.[139] Até aquele século, era papel da Igreja exercer o controle sobre os registros de nascimentos, de óbitos, de casamentos, entre outras funções, atualmente de domínio do Estado.

Esse poder conferido à Igreja era sustentado pela matriz de crença católica da sociedade, que aceitava o controle por ela exercido como algo natural. Nesta direção, os enterros eram realizados no interior das Igrejas, uma vez que se acreditava que o local do sepultamento estaria ligado às condições da alma no pós-morte.

A sociedade não só se habituara a reconhecer a Igreja como o órgão de manutenção e controle social, como também via a mesma como uma instituição protetora, dotada de po-

---

[139] O termo: "secularização" está sendo compreendido neste estudo como a diminuição do poder da Igreja católica e de sua presença sobre diversos setores sociais, que passaram a ser controlados pelo Estado, como documentações públicas, registros de nascimento, entre outros.

deres intermediadores entre os homens e a divindade. Existia, portanto, a crença de que o morto somente viria a ressuscitar no dia do Juízo Final caso estivesse próximo à imagem de algum santo e em território sagrado.

Dentro desse imaginário social, fica fácil perceber como foi rechaçada, em princípio, a ideia de se construirem espaços abertos, afastados das Igrejas e dos centros de concentração urbana, para se enterrarem os mortos. A sociedade do século XIX, no Brasil, mostrou-se inicialmente avessa à proposta de mudança do local de sepultamento e, consequentemente, avessa à construção dos primeiros cemitérios.

Como já apontado, a bandeira dos cemitérios foi levantada pela classe médica, que observou que os enterros no interior das Igrejas estavam se tornando prejudiciais à saúde pública. Assim como a Igreja, a medicina também se caracterizava, até o século XIX, como um órgão de controle e regulação social[140] e encabeçou as discussões acerca da mudança do local de sepultamento. Verificou-se que os mortos – ainda que mortos – podiam exercer influência sobre os vivos, já que eram foco de contaminação. Aliada a esta mensagem médica, havia a sensação desagradável provocada pelos odores dos mortos, provavelmente sentida pelos vizinhos das Igrejas.

Além desta disputa, que está na base das discussões sobre secularização, surgem necessidades, partindo da própria população comum. A necessidade de visitação ao túmulo faz emergir o fato da concessão de sepultura converter-se em uma forma de propriedade.

---

[140] Para maiores detalhes, cf.: FOUCAULT, Michael. "A política de saúde no século XVIII", in: *Microfísica do poder*, 2000.

Nesse cenário reaparecem os monumentos, retratos dessa necessidade de lamentação e culto aos mortos, explicitando o processo de luto. A separação clara dos mortos e dos vivos, com a construção dos cemitérios, representa a necessidade discriminatória dos mundos, embora explicite também que aos mortos é reservado um lugar físico em nossa sociedade.

No Brasil, em consonância com o modelo europeu, cabia às irmandades religiosas a realização de rituais fúnebres, garantindo a salvação das almas. As irmandades cuidavam dos detalhes para preservar o respeito ao morto. Ninguém poderia faltar a um enterro ou funeral de um "irmão".

O tipo do enterro dependia dos recursos financeiros do falecido. Os que não tinham condições de comprar uma bela roupa mortuária eram envoltos em panos fornecidos pela irmandade para os funerais de caridade. Havia um grande temor entre os mais pobres de que seus corpos fossem simplesmente atirados em uma cova de terra. Alguns, para evitar tal desrespeito, guardavam todas as suas economias para comprar um caixão na hora da morte, já que as covas comunais muito rasas eram lugar de sepultamento somente das pessoas muito pobres e dos escravos.[141]

Nesse sentido, aos mais abastados financeiramente cabiam os sepultamentos mais cobertos de pompa e próximos aos altares dos templos, o que significava uma passagem tranquila da alma para a companhia dos santos.

---

[141] COE, Augostinho Júnior Holanda. "Nós, os ossos que aqui estamos pelos vossos esperamos: o século XIX e as atitudes diante da morte e dos mortos", in: *Outros Tempos,* p. 103.

Essa proximidade entre os vivos e os mortos vigorou fortemente até o século XVIII, quando se iniciou a necessidade premente de separar os mortos do espaço urbano, já que os mesmos passaram a ser sinônimo de doenças, infecções e, portanto de perigo aos vivos. "Havia uma busca cada vez maior pelo ocultamento dos mortos. A fiscalização do cheiro e do silêncio na verdade denotava a mudança do sentido da morte."[142]

É importante frisar que "o fechamento dos cemitérios nas igrejas tornava-se um pré-requisito do progresso e da cultura",[143] pois havia inúmeros fatores contribuintes para tal necessidade, como o aumento populacional significativo nas metrópoles brasileiras nos anos 1800-1850 (em decorrência da chegada da corte, da miscigenação, das mudanças populacionais), a iminência de epidemias, o cheiro desagradável, o excesso de corpos na igrejas e as novas formas de pensamento moderno, segundo as quais já se mostrava uma tensão entre o poder tradicional e hegemônico da Igreja e algumas emergências práticas. Por tudo isso, deixar de enterrar corpos nas igrejas era um mote levantado pelos médicos, que

> propunham uma verdadeira revolução cultural. Para alcançá-la, preconizavam a reorganização e racionalização de algumas instituições básicas, como prisões, hospitais, escolas e cemitérios, todas vistas como causadoras de doenças físicas e morais.[144]

---

[142] Ibid., p. 107.
[143] Ibid., p. 104.
[144] REIS, João José. *A morte é uma festa*, p. 249.

Nesse movimento, a despeito dos protestos dos inúmeros praticantes do cristianismo e de o sepultamento nas Igrejas já ser algo culturalmente enraizado em nossa sociedade, a Assembleia Legislativa Providencial de São Paulo aprovou, em 1856, o primeiro regulamento para os cemitérios da cidade de São Paulo. E em agosto de 1858 inaugura-se o Cemitério Municipal, depois denominado de Cemitério da Consolação.

A localização desse cemitério tinha um ponto estratégico, já que era considerada afastada do centro da cidade,[145] garantindo a salubridade dos moradores de São Paulo.

Nessa linha de raciocínio, ao contrário do que se pode intuir, "o caráter exaltado e emocional do culto aos mortos não é de origem cristã. É de origem positivista".[146] Isso quer dizer que a racionalidade positivista exige uma morte documentada, criteriosa, com padrões, inscrições. Daí as mudanças nas informações contidas nos testamentos, a valorização do local da sepultura e do espaço discriminatório dos mortos. A discussão que se insere neste contexto é a racionalidade, fruto da modernidade, que afeta as relações humanas e o modo como percebemos a morte e o morto.

O romantismo, movimento central desse período, apesar da exaltação emocional que o acompanha, nasce como fruto das reflexões e transformações das Revoluções Francesa e Industrial, sendo uma expressão do pensamento moderno. Ao mesmo tempo em que surge como contestação ao raciona-

---

[145] O centro da época era uma área restrita, abarcando as regiões de São Bento, rua Quinze de novembro, rua Direita, entre outras.
[146] ARIÈS, Philippe. *Sobre a História da Morte no Ocidente: da Idade Média aos Nossos Dias*, p. 54.

lismo, o romantismo insere-se perfeitamente nesse sistema de pensamento, sendo apenas mais uma de suas facetas. Com o crescimento da população urbana, a ascensão da burguesia e a decadência da aristocracia, o ambiente intelectual da época era de grande rebeldia e instabilidade.

O ser humano passa, então, a valorizar a liberdade como um elemento essencial à sua existência e volta-se para a subjetividade. Portanto, quando Phillipe Ariès disserta sobre "a morte do outro", em que se choram as dores da perda e do luto, poderíamos falar, ao contrário, de uma subjetivação maximizada, em que a morte do outro expõe, na verdade, as angústias pessoais de quem lamenta. Trabalhamos ainda aqui na lógica do mecanismo do "duplo", da identificação do espelho (Lacan), do outro como reflexo do eu.

As características centrais do romantismo são o sonho, a idealização da mulher e da morte, a subjetividade, o escapismo, a busca pelo exótico na arte, certo pessimismo e gosto pelo lúgubre. Esses elementos influenciaram a arquitetura funerária da época. As novas formas de pensamento estimuladas pelo processo capitalista e industrial valorizavam o individualismo, as fronteiras entre o público e o privado, a instituição familiar, a ritualização da vida cotidiana, a acumulação de bens, o status social e as normas de respeitabilidade e de convivência, estabelecendo os limites entre vida particular e pública. Por isso, os cemitérios nascem sob o aporte conceitual e comportamental da modernidade, de acordo com a necessidade de discriminação de "mundos", de propriedade privada (lugar para o morto), ostentação de recursos e prestígio social (artes tumulares que eram um símbolo da importância do morto e de sua família).

Portanto, apesar dos elementos de tristeza, alguns cemitérios passaram a tornar-se até pontos turísticos, tamanha sua exuberância e patrimônio histórico, como os cemitérios de Lachaise (Paris), Recoleta (Buenos Aires) e, em termos de Brasil, não se pode negar a importância da arte tumular de alguns cemitérios, como o da Consolação e o do Araçá.

O cemitério como "cidade dos mortos" é um espaço de memória social, de comunicação entre vivos e mortos, e mais, um espaço de esperança, que faz acreditar que a morte não é mais que um divisor de mundos. O cemitério, portanto, espelha a continuidade da vida, a possibilidade de morar e possuir identidade, mesmo depois da morte. Os túmulos, por sua vez, tornam pulsante e real essa morada, eternizando um lugar social para o morto.

Existe uma relação direta entre arte e cemitério, especialmente no século XIX, cenário do nascimento e da oficialização dos importantes cemitérios do Brasil. Neste trabalho, arte relaciona-se ao imaginário, sendo uma das formas de expressão de elementos do inconsciente coletivo. Por isso, os registros artísticos dos túmulos refletem nada menos que o imaginário religioso e social do homem da época.

No Brasil, o desenvolvimento da arte tumular está diretamente relacionado à Europa, levando-se em conta a adequação de materiais e a convivência de estilos diversos em um mesmo espaço cemiterial. Podem-se encontrar desde covas simples até mausoléus imperiosos, refletindo a diversidade artística que retrata a morte. Considera-se difícil encontrar uma linha cronológica evolutiva da arte nos cemitérios brasileiros, pois existe um aglomerado de peças e tendências. Não são muitos os artistas que se dedicam à arte tumular, principalmente depois da criação dos "cemitérios-jardim",[147] nos quais as presenças do mausoléu e grandes monumentos funerários estão praticamente extintas.

Apesar dessa confusão de elementos e estilos dos cemitérios brasileiros, podem-se traçar alguns indicadores da arte tumular brasileira. Começando pela *Belle Époque* paulistana, que trazia a tentativa de imitação dos hábitos parisienses, com uma forte marca artística e arquitetural europeia ao cemitério. Nas últimas décadas do século XIX e primeiras do século XX, pessoas de renome, como a Marquesa de Santos, o presidente Campos Sales e Francisco Matarazzo foram sepultadas lá.

*Belle Époque* é um período que usualmente é definido entre os anos 1880 até o fim da Primeira Guerra Mundial, aproximadamente. No Brasil, coincide com o início da República até os ares do modernismo. Trata-se da "idade de ouro" parisiense, em que os cabarés, o cinema, o *cancan* e outras formas de expressão vêm à tona. Na arte, engloba movimentos como o final do Romantismo, o Realismo, o Impressionismo, o Simbolismo e a *Art Nouveau*.

A elite paulistana, inspirada na sociedade francesa, passa a viver os ares da *Belle Époque* e opta por enterrar seus familiares de modo suntuoso, glamouroso, valorizando o status e o patri-

---

[147] Há uma quantidade considerável de "cemitérios-jardim", que priorizam enterramentos diretamente no chão e, em geral, os túmulos são marcados por flores. Quando bem cuidados, são como grandes campos, passando a imagem de tranquilidade, paz e descanso. Pode-se estabelecer uma relação com um imaginário bucólico, que nos remete a um pós-morte ideal, ao Jardim do Éden.

mônio. Surge, portanto, nos cemitérios, uma exuberante arte de contornos sinuosos e composição assimétrica, um trabalho de difícil elaboração e alto custo, destinado unicamente à elite brasileira, que tinha intenção de construir túmulos vistosos, a partir do trabalho de artistas europeus renomados.[148]

Nesse período, temos a *Art Nouveau*, que marcou a utilização de recursos mecânicos e industriais, com técnicas novas de fundição, trazendo uma diferenciada estrutura arquitetônica e escultural aos jazigos. Os detalhes artísticos dos túmulos passam a ser mais uniformizados, e torna-se possível que os menos abastados também tenham jazigos elegantes.

A respeito dos temas retratados pelas artes tumulares, podem-se observar mudanças gradativas que foram introduzidas por cada estilo artístico da *Belle époque*, especialmente no que se refere à religiosidade, que é nosso foco. Inicialmente, havia a presença de elementos escatológicos, ainda ligados à visão romântica: anjos alados, assexuados, figuras de santos, imagens de lamentação e figuras infantis. Aos poucos, estas passam a ceder lugar para figuras mais humanizadas e cotidianas, inclusive com um componente erótico, que novamente se faz notável na ligação com a morte. Também é marcante a inserção de temas e figuras pagãs e mitológicas, como Hermes, bem como a inserção de alegorias simbolizando prosperidade e fortuna.[149]

---

[148] Para citar alguns exemplos dos artistas mais importantes da época em relação às artes tumulares: Victor Brecheret, Francisco Leopoldo e Silva, Luigi Brizzolara, Nicola Rollo, Leonardo Guandeline, Alfredo Oliani, entre outros.
[149] Cf. DUARTE, Milene Araújo Moreira. *Um Lugar de Descanso: Arte Tumular no Cemitério da Consolação*, s. d.

Cemitério do Bonfim, MG[150]

Alfredo Oliani, O Último Adeus, Cemitério São Paulo, SP [151]

---

[150] Representação artística que denota tristeza e sacralidade, remetendo-nos à era romântica.

[151] Alfredo Oliani, paulistano, filho de italianos, tinha como temas principais de suas obras elementos de sensualidade que exaltam o feminino e o nu. Esta obra específica refere-se a um pedido de Maria Cantarella, que perde o marido em 1942 e escolhe homenageá-lo com a lembrança eterna do amor de ambos.

Havia muitos migrantes europeus no país nos séculos XIX / XX, e, por conta da distância da terra natal, intensificava-se a necessidade de manter a identidade da família, eternizando os parentes em túmulos com símbolos de prosperidade, fazendo do cemitério a extensão de suas casas. Em alguns cemitérios de São Paulo, como o Brás, algumas capelas refletiam o clima doméstico dos bairros italianos da cidade.

É importante lembrar que os túmulos, com sua exuberância estética, extravasam a necessidade de eternização do âmbito familiar e privado, referindo-se a algo maior, um patrimônio histórico e social, que nos apresenta os costumes, crenças, conceitos éticos e estéticos de uma época. A morte torna-se um espetáculo que carrega simbologias de amor, saudades, dor, reflexão, memória, respeito, aprendizado, identidade, carinho. Enfim, os cemitérios são reservatórios de sentimentos ambíguos, que marcam profundamente a história pessoal e social das cidades.

Detalhe do túmulo do coronel Francisco Schmidt, que viveu entre 1850 e 1924. Cemitério da Consolação, SP [152]

---

[152] Ele foi um dos barões da cafeicultura paulista, migrante alemão, radicado no Brasil. Imagem retirada de: DUARTE, Milene Araújo Moreira. *Um Lugar de Descanso: Arte Tumular no Cemitério da Consolação*, s. d.

## 2.4 – Reflexões conclusivas do capítulo

O imaginário cristão é de fundamental importância para a compreensão do imaginário do sepultador brasileiro, em decorrência da significativa presença que a religião católica exerce em nosso país. As espacialidades do Além existentes no universo cristão, como Paraísos, Infernos e espaços intermediários, parecem ter repercussão na religiosidade brasileira, mais bem analisada no próximo capítulo. Da mesma forma, a crença na necessidade de se levar uma vida virtuosa para se obter a bem-aventurança também encontra espaço em nossas manifestações populares de crença. O catolicismo parece, na verdade, constituir-se como uma das matrizes de pensamento que norteiam o imaginário fúnebre arquetípico humano.

Em comparação à antiguidade clássica, a ênfase do catolicismo medieval relaciona-se ao momento em que a alma ainda pode ser salva, ou seja, ao processo que antecede a morte, pois é ele que traça o destino eterno de cada ser. Além disso, diminui-se a importância das figuras associadas à morte, pois a salvação centra-se nas escolhas e ações do ser.

É importante ressaltar o esforço que a Igreja fez durante séculos para "adaptar" a leitura popular do Além à linguagem cristã e como isso se deu de maneira pedagógica em relação à morte, em alguns momentos, como observamos com os manuais de bem morrer. No cenário religioso em geral, mais especificamente no cristão, a morte assume o papel de trazer o mistério do amanhã ao homem, o que implica medo e instabilidade. Por isso, a Igreja torna-se vital, e a questão da salvação da alma é o eixo no qual se estrutura seu vínculo com o povo.

Em geral, os eventos catastróficos de cada época histórica são responsáveis por fazer o homem compreender suas limitações e deparar-se com seus medos. Por isso, a necessidade de manter o comportamento do bom cristão, para além da concepção religiosa, pode ter uma série de interpretações. Podemos entendê-la como uma necessidade de ordem e controle social, também.

A maneira como se articulou o nascimento dos cemitérios reflete, principalmente, um imaginário sectário, em que as diferenças socioeconômicas ficam evidentes no momento da morte. Essa perspectiva da *Belle époque* enfatiza o "clima" da elite paulistana daquele momento (séculos XIX-XX) e servirá de apoio às considerações feitas aos cemitérios escolhidos para a pesquisa de campo. Dois dos cemitérios analisados neste estudo – Araçá e Consolação – possuem muitos registros dessas marcas artísticas que acabaram sendo reflexo, mas também instrumento, de influência no modo como a elite percebia e ritualizava a morte. Nesse sentido, há marcadas diferenças quando se observa o cemitério da Vila Nova Cachoeirinha, que se encontra na região periférica de São Paulo e não possui, nem de longe, suntuosidade nos enterramentos.

A ideia que pode estar presente nesse ponto, em termos de imaginário, é que além da tentativa dos ricos de perpetuarem seu nome e seu status, por meio dos monumentos, pode haver uma espécie de "compensação" destes, que sempre ouviram a pregação católica afirmar que o reino dos céus era reservado aos pobres e sofredores. Compensação no sentido de afirmar à sociedade que seu dinheiro e sua estirpe os salvariam, mesmo na morte, considerando a morada de um defunto rico como um palacete funerário.

Já o pobre, para os que ficam, mantém a impressão da continuidade de uma existência de sofrimento, mesmo na aparência de sua morte, já que ser enterrado num campo de covas rasas – como em Vila Nova Cachoeirinha – não parece uma morada eterna de muito conforto. Embora a Igreja considere esse sofrimento do pobre como "prova" espiritual de seu esforço pela salvação, nós, que ficamos do lado de cá, jamais teremos como nos certificar da justiça divina. Portanto, até na morte, o que sobram são as aparências.

# 3
# A morte na cultura brasileira: Transpondo imaginários

## 3.1 – O imaginário indígena brasileiro de morte: Breves considerações

O foco deste terceiro capítulo é trilhar o "caminho das pedras", procurando compreender como esse imaginário fúnebre europeu ocidental clássico e cristão descrito nos capítulos anteriores transitou até nossa cultura brasileira. Apesar de nosso referencial adotar uma visão arquetípica de transmissão cultural e imagética, através da qual a estrutura da psique humana está pronta para gestar representações a partir de experiências prévias de outros indivíduos, que se acumulam em nossa bagagem inconsciente, não podemos deixar de nos debruçar sobre elementos históricos que tornaram concreta essa transmissão de imaginários, possibilitando a configuração de crenças e atitudes frente à morte estudadas mais intimamente no capítulo seguinte, em que entraremos em contato com o campo de pesquisa.

Para tal, caminharemos de uma realidade eminentemente europeia para a realidade do sepultador brasileiro, através dos grupos que marcaram esse diálogo e a formação identitária do país, como os africanos, os indígenas e os migrantes e colonos europeus. Tentamos, aqui, não colocar a História como "blocos" separados de acontecimentos e matrizes culturais, respeitando seu dinamismo e seus pontos de intersecção transitórios e fluidos; entretanto, de modo didático, em alguns momentos do texto, algumas separações conceituais se fazem necessárias.

Com a chegada dos portugueses ao Brasil houve choques culturais em relação às concepções daqueles que habitavam nosso país, os índios. Primeiramente, um dos elementos que chamam atenção dos europeus são as práticas indígenas antropofágicas e canibalistas, que expressam como estes concebem as relações entre vivos e mortos.

Alguns povos *tupi* – habitantes da costa brasileira na época do descobrimento – apresentam essa característica ritual, descrita com curiosidade e até mesmo espanto em diversos relatos de cronistas da época.[153] Embora a maioria desses relatos não deixe de expor o caráter ritual da antropofagia, muitos suscitam sentimentos de pavor, construindo uma imagem "demoníaca" dos índios brasileiros, como a seguinte, presente no livro de Hans Staden:

---

[153] Como exemplos bastante ilustrativos, temos: STADEN, Hans. *Duas viagens ao Brasil*, 1974. LÉRY, Jean de. *Viagem à Terra do Brasil*, 1980.

Antropofagia no Brasil em 1557, segundo Hans Staden [154]

Claramente, a imagem mostra uma cerimônia pública de esquartejamento que serve a uma "refeição canibal", sugerindo que os índios lidassem com esse tema com uma naturalidade que pareceu assustadora e "bárbara" aos brancos europeus da época. Trata-se de um tema delicado, que foi abordado pelos cronistas durante anos (talvez séculos) de modo etnocêntrico.

(...) a recém descoberta Terra de Santa Cruz, que passou de "paraíso" a "purgatório", lugar de purgar os pecados (...), terra que perdeu o nome santo para ser conhecida pelo nome de Brasil, "terra de brasas" onde o calor, o

---

[154] In: STADEN, Hans. *Duas viagens ao Brasil*, 1974.

vermelho, o sexo e o diabo estariam presentes. Sendo assim, as práticas dos habitantes da colônia eram associadas com possessões demoníacas[155].

Alguns sugerem explicitamente que o canibalismo seria um ato de vingança coletivo para com o morto, em geral, inimigo daquele grupo indígena. Entretanto, a força ritual da antropofagia denota a necessidade de se abordar essa manifestação de modo mais amplo. A morte sacrificial parece ter uma importância protetora e intermediária para o grupo indígena, interpondo-se no espaço entre ações e circunstâncias que parecem ter fugido ao controle coletivo e o reestabelecimento do novo equilíbrio do grupo. Um inimigo que tenha ameaçado de forma qualquer esse equilíbrio "merece" a morte sacrificial, ritualística. "Merece" no sentido de trazer essa necessidade consigo, com sua ameaça de desordem.

A ideia de reestabelecer o equilíbrio do grupo através de um ritual parece estar presente em diversas circunstâncias nas quais a morte também se faz presente. Entre os índios Bororo, do Mato Grosso, a morte é vista como um rompimento à ordem cultural da vida diária do clã; não é encarada como natural. Por isso, todas as aldeias Bororo vizinhas participam do ritual fúnebre, com cantos e choros. Mas os rituais, propriamente ditos, ficam a cargo do clã oposto ao do defunto, visando reestabelecer o equilíbrio no funcionamento social das aldeias.

A fim de neutralizar a desordem associada à morte, o rito permite transcender a perda, ao ponto de fazer dela um acontecimento positivo que servirá à ordem reencon-

---

[155] SANTOS, Marcos Guimarães. "O Canibalismo como peça fundamental para demonização do Índio", in: *Combates e Debates*, 2007.

trada: de perigoso que era, o defunto passa a ser o antepassado tutelar, o modelo a imitar, o símbolo da continuidade. Integrado num *"status"* benéfico, é recuperado no imaginário coletivo como estando ao lado da vida; (...) A separação e a integração constituem dois estados necessários e complementares do rito funerário. No entanto, quer o morto seja purificado, reencontrado e honrado, quer seja neutralizado e posto de lado, é sempre o sobrevivente o beneficiário efetivo do rito.[156]

Antes ameaçadora, outra maneira de a morte tornar-se positiva para esse grupo indígena é a possibilidade antropofágica e mágica de absorver os "poderes" e a força do sacrificado. O morto nutriria simbolicamente a tribo, passando a ela suas "propriedades", como sabedoria, conhecimentos mágicos, força espiritual. Esse significado simbólico do ritual canibalista foi apontado por Jorge Couto,[157] que afirma tratar-se de uma "perpetuação do sistema de vingança", dando "empoderamento" à tribo. Portanto, mesmo diante da ideia de transmutação da morte de negativa à positiva, através do ritual, alguns autores verificavam e insistiam no significado da vingança.

Descreve a força de um ritual antropofágico tupi:

---

[156] GONÇALVES, António Custódio. "Religião e tensões entre finitude e infinitude", in: RAMOS, Luis A. de Oliveira (org.). *Estudos em homenagem a João Francisco Marques*, s.d.

[157] Jorge COUTO, *A Construção do Brasil: ameríndios, portugueses e africanos, do início do povoamento a finais de quinhentos*, p. 106-107. Cf. também: Izabel Maria da Cunha FERREIRA, *A morte em quatro narrativas brasileiras da segunda metade do século XX*, p. 28-29.

A cerimômia podia durar vários dias. No primeiro, o prisioneiro recebia uma corda de algodão especial e era conduzido ao terreiro, onde lhe pintavam todo o corpo. No segundo e no terceiro dias realizavam-se danças em torno da grande figura. No quarto, ele era levado logo cedo para um banho, e só então começava o sacrifício propriamente dito. Sua coragem era testada durante todo o tempo, e esperava-se que demonstrasse altivez para merecer morte tão importante. No quinto dia consumava-se o sacrifício. (...) Então seus restos eram levados para o lado de uma fogueira. Algumas partes do corpo eram comidas cruas; outras, mais nobres, eram moqueadas ou assadas.[158]

O sobrevivente, como cita a passagem, é toda a aldeia que assiste e participa do ritual. E todo ser estranho à aldeia, até mesmo os jesuítas, teriam medo de serem os próximos a se tornarem as vítimas sacrificiais, uma vez que qualquer elemento diferente e estranho traz a lógica do desequilíbrio para a aldeia, desafiando seus conhecimentos e poderes mágicos.

O sacrificado deveria "merecer morte tão importante" e tinha sua coragem "testada" por conta disso. Nesse sentido, pode-se intuir que o sacrifício antropofágico lança algo honroso e heroico à figura da vítima; não parece ser simplesmente um elemento de vingança.

---

[158] CALDEIRA, Jorge et. al., *História do Brasil*, p. 17.

Essa ideia de reestabelecer o equilíbrio pode ser clarificada quando utilizamos referenciais funcionalistas,[159] nos quais o grupo indígena pode ser compreendido como um organismo, cujos elementos (pessoas do clã, manifestações culturais, crenças, mitos) possuem papéis necessários ao funcionamento saudável do corpo integral: a tribo. Caso um ou mais elementos se alterem é preciso reestabelecer todo um corpo de funcionamento.

Nesse sentido de equilíbrio entre as células sociais, os Kaingang[160] possuem uma concepção de complementaridade que norteia seu sistema de relações e normas. Como coloca Veiga,[161] a morte, para os Kaingang, "é a contraparte da vida, ou uma parte indissociável dela". Assim como funciona toda a sua cosmovisão, baseada nos mitos de Kamé e Kairu, também em relação à morte, a ideia de dois mundos complementares e simétricos se faz presente. O mundo dos mortos é complementar ao dos vivos, uma "outra aldeia": "quando aqui é dia, no mundo dos mortos é noite, e vice-versa" (...) "A complementaridade é vista como perfeição, como portadora de vida, enquanto a união de iguais é considerada estéril."[162]

---

[159] O Funcionalismo é uma escola antropológica do início do século XX que entende a cultura como totalidade e seus sujeitos e instituições como órgãos que assumem funções que visam a manutenção dessa totalidade, da célula cultural. Os principais representantes do período são Bronislaw Malinowski e Radcliffe Brown.
[160] Os Kaingang são um povo de língua Jê que habita os estados de São Paulo, Paraná, Santa Catarina e Rio Grande do Sul, formando uma das maiores populações indígenas do Brasil (perto dos vinte e dois mil, no ano 2000).
[161] VEIGA, Juracilda. Cosmologia Kaingang e suas práticas rituais, *XXIV Encontro Anual da Anpocs*, 2000.
[162] Ibid.

É comum entre grupos indígenas brasileiros (Kaingang, Bororo) serem designados "cuidadores" dos rituais fúnebres. Em geral, estes são pessoas especiais, que exerceram um papel significativo na vida do morto (Bororo) ou que possuem um "espírito forte" para lidar com os mortos de toda espécie (Kaingang). O primeiro grupo mantém a figura de um "substituto" do morto, que deve dançar em sua homenagem e enfeitar seu crânio, após lavado.[163]

Outro ponto coincidente entre os dois grupos é o "espaço afetivo" dado aos enlutados. Entre os Bororo, os familiares muito próximos do falecido ficam distantes das cerimônias fúnebres, não podendo participar das atividades de canto, dança, tampouco podem olhar fixamente para o morto. Por estarem tristes e frágeis emocionalmente, podem ativar o *Bope,* a parte "primitiva" e inconsciente da alma, que se conecta a fenômenos psíquicos de descontrole. Em geral, é "permitido" ao enlutado um choro de lamentação diária, bem como afastamento das atividades sociais.

Para os Kaingang, por sua vez, o tempo de reclusão dos enlutados ou viúvos varia de acordo com a metade à qual pertence o morto. Se Kamé – espírito mais forte –, o tempo torna-se mais longo. Pode-se observar nos dois grupos a ideia de que os familiares precisam purificar-se dos sentimentos ligados à perda, caso contrário podem atrair uma ligação espiritual considerada ruim. Daí a importância e força dos rituais de morte.

---

[163] Cf. VIERTLER, Renate Brigitte. *A refeição das almas*, p. 80.

Também para os Caiapó[164] o espaço oferecido aos familiares do morto é evidente. São comuns os lamentos das viúvas e mães do falecido, bem como gritos e até comportamentos de autoflagelação no momento em que a morte se confirma, como bater em si mesmas com um pau. Os lamentos iniciam-se desde que o indivíduo é tomado pela enfermidade, pois esse grupo indígena apresenta muito medo de doença e morte violenta, que coloca impotentes os indivíduos frente aos mistérios e poderes maiores. A morte é vista como um duro golpe do destino e não é aceita facilmente, especialmente a morte de crianças, que é vista como uma tragédia. Tamanho é esse medo que o moribundo, assim que adoece, é designado *me-tuk-dyo* ("aquele que foi possuído pela morte"), sendo condenado socialmente. Lembremos, nesse ponto, a visão dos persas, brevemente descrita no fim do primeiro capítulo, que atribui à morte o significado de espírito do mal, de modo similar a esse grupo indígena.

Finalizando esse breve apanhado de conceitos indígenas brasileiros, até o momento, abordamos alguns elementos importantes para continuarmos nossa caminhada pelo imaginário brasileiro de morte, lembrando que nossa cultura formou-se num "diálogo" intenso entre as matrizes que sucintamente apresentamos.

---

[164] Povo da família linguística Jê, que se distribui em 14 grupos, num território que se estende do Pará ao Mato Grosso, na região do rio Xingu. Os principais grupos são: *Gorotire, Xikrin do Cateté, Xikrin do Bacajá, A'Ukre, Kararaô, Kikretum, Metuktire (Txucarramãe), Kokraimoro, Kubenkrankén* e *Mekragnoti*. Para maiores detalhes sobre sua cultura, cf. LUKESCH, Anton. *Mito e Vida dos Índios Caiapós*, 1976.

## 3.2 – Africanos: Imaginário ressignificado no contexto do Brasil colônia

Ao abordarmos o universo africano é preciso ter clareza de que lidamos com diversos grupos étnicos, com costumes, tradições, línguas, culturas e crenças distintas. Por esse motivo, falar da visão africana de Além, morte e de rituais fúnebres é discorrer acerca de várias concepções e matrizes de pensamento, que vieram ao Brasil servir ao tráfico e aos interesses da metrópole portuguesa e da colônia.

Portanto, já na chegada desses africanos não faz sentido falarmos em uma unidade que depois se tornou amalgamada com os costumes cristãos locais. Nem estes últimos costumes, tampouco os africanos, poderiam ser representados por tradições religiosas e culturais "puras", como se faz óbvio. Nesse sentido, o esforço conceitual que faremos aqui é o possível perante a história: o esforço da construção em movimento.

Entre os africanos em geral, a ideia de ancestralidade é marcante. Através dos ritos se dão as homenagens e a manutenção do estreitamento dos laços familiares dos vivos com seus antepassados. E a morte tem um papel fundamental nesse processo.

Os negros que possuem o aparato simbólico, cultural e religioso banto, como os provenientes de Congo e Angola, associam a morte ao termo Kalunga, simbolizado pelas águas do oceano, do rio ou por uma superfície reflexiva, como os espelhos. Essa associação da morte com o oceano, por meio da concepção embutida no termo Kalunga, fez com que os povos banto enxergassem sua viagem à América como uma travessia para a morte.[165] E, de fato, muitos escravos morreram antes de pisar na América, devido às péssimas condições da viagem, a doenças ou a uma escolha de "eliminar" peso extra por parte dos comandantes dos navios a serviço da metrópole.

*Kalunga* era a travessia do mundo real para o mundo espiritual; assim, transpor a *Kalunga*, em navios negreiros representava uma morte prematura, nas mãos dos "feiticeiros brancos" (os europeus), que se alimentavam dos corpos negros na terra dos mortos, as Américas. Para os bacongos, a cor branca simbolizava a morte, os homens eram pretos, os espíritos, brancos. Como resultado desta crença, do tráfico de africanos escravizados e da associação do oceano com a Kalunga, foi fácil para os bacongos identificar a terra dos brancos com a dos mortos. Com esse entendimento sobre a malevolência e prosperidade dos europeus, demonstra quão profundamente o mercado escravo impactou o discurso africano. Para eles, os europeus usavam de feitiçaria, forças ocultas, para escravizar e comercializar os corpos negros para o próprio enriquecimento.[166]

Em termos de imagem, Kalunga remete-nos ao universo grego, ao turvo rio Aqueronte. A travessia mitológica com o barqueiro mal-humorado pode ser comparada à experiência dos afri-

---

[165] Cf.: RODRIGUES, Cláudia. *Lugares dos mortos na cidade dos vivos*, p. 156.
[166] GLÍCIA, Caldas. "A magia do feitiço: apropriações africanas no Brasil Colônia", in: Revista Eletrônica *Acolhendo a Alfabetização nos Países de Língua Portuguesa*, p. 101. O artigo foi apresentado no II Simpósio Internacional sobre Religiões, Religiosidade e Culturas, em Dourados-MS, 2006.

canos que, no entanto, caminham para a morte ainda em vida, com a consciência do mundo de cá, sem estarem acometidos por doenças ou outras causas de morte. A diáspora africana tem um sabor fúnebre, desde a partida no outro continente.

O que seria, portanto, a América para os que sobrevivem à lúgubre jornada? Nós, nesse imaginário, comporíamos a concretização do Além. O destino pós-travessia é analogamente o destino pós-morte. Somos (o território americano) o que se imagina receber no final da jornada da vida; somos o Além, o mundo sobrenatural, o habitat dos mortos, dos espíritos, daqueles que não têm mais vida.

Pode-se intuir que aportar no habitat dos mortos, ainda com vida, traz um imaginário inicial povoado de medo e sentimentos ambíguos. Não apenas do ponto de vista do desconhecido, do que está por vir, da opressão, da solidão e saudade da terra natal, mas medo do ponto de vista espiritual, medo de estar na condição de morto-vivo por um tempo indeterminado.

Nesse sentido, o que devemos ter em mente quando nos remetemos às raízes de formação de pensamento e crenças brasileiras no que concerne à herança dos negros africanos é principalmente a questão da memória. A memória nos possibilita acessar estados de consciência, experiências afetivas e sociais, possibilidades de existências. Tudo isso serve ao diálogo com o presente, constituindo e fortalecendo nosso sentido de identidade.

Prandi[167] afirma que "a memória depende da convivência e é graças a ela que se conhece, ama e respeita o outro". Na visão reencarcionista africana dos nagô, para nascer novamente, o morto não pode ser esquecido pelos familiares. A memória do

---

[167] PRANDI, Reginaldo. *Segredos Guardados*, p. 36.

morto, cultuada por meio da descendência familiar, é, portanto, garantia da eternidade daquele ser. Por isso, deve-se ter muitos filhos, para que os mesmos cultuem sua memória, e muitas mulheres, desde que se possa sustentá-las, para obter uma grande prole. Da mesma forma, deve-se ter vida longa, para que seus descendentes presenciem seus atos memoráveis.

Entre os nagô (de língua ioruba), a vida na Terra, o mundo presente, é um tempo de celebração, chamado de *Aiye*. É o espaço físico concreto, no qual habita a humanidade: *ara-aiye* ou *araiye*. O *Aiye* é bastante celebrado justamente por possibilitar a manutenção dos laços familiares, a experiência intensa de vida e de plenitude. O espaço correspondente ao Aiye no plano espiritual é *Orun*, algo infinito, em que residem os seres ou entidades sobrenaturais. "*Orun* é um mundo paralelo ao mundo real que coexiste com todos os conteúdos deste. Cada indivíduo, cada árvore, cada animal, cada cidade etc. possui um duplo espiritual e abstrato no *Orun*."[168]

Claudia Rodrigues[169] faz uma analogia entre as concepções banto e nagô, relacionando o simbolismo do espelho, uma das expressões de Kalunga, ao efeito de reflexo entre *Aiye* e *Orun:* atravessar o espelho e vislumbrar o "outro lado" traz mais uma vez a ideia de travessia, de passagem.

Os seres que vivem no *Orun* – *ara orun* – não necessitam da respiração (*Emí*), como os *araiye*. Orun e Aiye diferem da concepção cristã de Céu e Terra, na medida em que o primeiro não abarca a ideia da morada dos justos, nem, tão pouco, o

---

[168] SANTOS, Juana Elbein dos. *Os nagô e a morte*, p. 54.
[169] RODRIGUES, Claudia. *Lugares dos mortos na cidade dos vivos*, p. 157.

*Aiye* refere-se a um período de privações; ao contrário. Como já colocado, segundo afirma Reginaldo Prandi, o *Aiye* é um tempo de celebração.

> O papel vital da memória e dos laços familiares ganha novos contornos quando os africanos passam a viver em situação escrava, já que as sociedades africanas estruturam-se em torno da família, de linhagens, cujo parentesco é definido pelos ancestrais comuns. Cultuar os ancestrais é dar continuidade às linhagens.
>
> Do século XV ao XIX, segundo estimativas modestas, pelo menos 10 milhões de africanos foram embarcados à força para as Américas (...) De fato, essas "nações" eram frequentemente agrupamentos impostos a diversos povos e a distintas ordens de categorias políticas, linguísticas e culturais que foram unificados primariamente para os propósitos dos traficantes de escravos. (...) O que quero enfatizar é que um grande trabalho cultural e institucional foi feito para amalgamá-los em "nações". Uma parte deste trabalho foi feita pelos donos de escravos e pela Igreja Católica (...) os projetos de evangelização realizados pela Igreja Católica geraram irmandades que afirmaram essas identidades emergentes e integraram modos ancestrais de celebrar e adorar o divino.[170]

A citação introduz a questão da fragmentariedade identitária das "nações" e do papel de algumas instituições e poderes na reorganização delas. Coloca-nos a imaginar que o escravo africano exilado teve seu *Aiye* inicialmente "roubado"

---

[170] MATORY, J. Lorand. "Jeje: repensando nações e transnacionalismo", in: *Mana*, 1999.

e, mais futuramente, ressignificado. O tempo de celebração se tornaria um tempo de isolamento, trabalho forçado e estranhamento cultural. Por esse motivo, o culto aos antepassados passa a ter uma dimensão ainda mais grandiosa, já que significa uma tentativa de resgatar uma identidade de pertencimento, juntamente com outras atitudes de fortalecimento cultural.

Aqueles negros africanos de origens distintas que se encontravam em determinadas circunstâncias adversas, por força do destino, teriam, a partir daquele momento, que estabelecer novos vínculos e fortalecê-los, a ponto de deixarem suas histórias marcadas. Sua nova família ou nação era agora quem poderia possibilitar a continuidade da existência daquele ser no *Orun*.

Lembremos que "a morte é mais dolorosa quanto mais apartado da sociedade estiver o indivíduo, pois não terá dela o suporte necessário para superá-la".[171] Nesse sentido, a morte toma dimensões para além da perspectiva existencial e até espiritual. No cenário de mais de trezentos anos de escravidão, a morte tem uma amplitude política e pode ser um instrumento de contestação.

Sob essa ótica, Acácio Sidinei dos Santos afirma que o suicídio foi um dos recursos à mão dos escravos, talvez o "único caminho para a obtenção da liberdade",[172] não se configurando apenas em fuga ou negação da realidade, mas podendo se apresentar como vingança ao destino cruel ou ao

---

[171] SANTOS, Acácio Sidinei dos. *A dimensão africana da morte resgatada nas irmandades negras, candomblé e culto de Babá Egun*, p. 19.
[172] Ibid., p. 30.

próprio senhor de escravos que teria prejuízos com as mortes, ou seja, o suicídio se torna uma atitude política. Em última instância, o suicídio também poderia ter caráter religioso, pois a morte possibilitaria voltar às origens, ir ao encontro dos antepassados, harmonizando-se com sua história pessoal e mantendo viva sua memória. Escravidão é morte do pertencimento do negro, de sua identidade, é a desterritorialização. Ela altera o traçado do destino do africano, fazendo-o quase desmembrar-se em "corpo aqui presente" e "alma que lá ficou". Suicidar-se pode ser negar essa morte e essa dissociação.

A morte tem um papel bastante significativo no período colonial do Brasil, em que grupos étnicos diferentes encontravam-se num contexto novo. As raízes portuguesas e africanas mostram uma preocupação com a preparação para a morte. Cícera Rosilene Francisco e Yuriallis Fernandes Bastos[173] apontam, através dos escritos de Gilberto Freyre, que "muitas são as sociedades nas quais prevalecem a noção de que a realização de rituais funerários adequados é fundamental para a segurança de mortos e vivos". Essa concepção, lembremos, está presente na cultura greco-romana, citada no primeiro capítulo, na qual os rituais fúnebres adequados são condição para a entrada do espírito no mundo de Hades – o reino dos mortos –, e sem os mesmos, o morto ficaria vagando entre o aqui e o além. José Reis[174] também afirma:

---

[173] FRANCISCO, Cícera Rosilene; BASTOS, Yuriallis Fernandes. "Cultos e memória dos mortos nas análises de Gilberto Freyre", in: *Caos*, 2000.
[174] João José REIS, *A morte é uma festa*, p. 89.

As pessoas para quem não se observam os ritos funerários são condenadas a uma penosa existência, pois nunca podem entrar no mundo dos mortos ou se incorporar a sociedade lá estabelecida. Eles desejam ser incorporados ao mundo dos vivos, e porque não podem sê-lo, se comportam em relação a ele como forasteiros hostis. Eles carecem dos meios de subsistência, que os outros mortos encontram em seu próprio mundo e consequentemente devem obtê-los à custa dos vivos. Ademais, estes mortos sem lugar ou casa, às vezes, possuem um desejo intenso de vingança.

Os escritos de Gilberto Freyre apontam para um interesse da sociedade baiana do século XIX em cuidar bem dos mortos, como se cuidasse de sua própria morte, acreditando que o morto poderia interceder pelos vivos ou até mesmo prejudicá-los, interferindo em suas vidas. As raízes africanas e portuguesas fortaleceram essa crença de preparação para a morte, como se vê na citação:

> (...) Tanto africanos como portugueses eram minuciosos no contato com a morte, banhando-os (os mortos), cortando o cabelo, a barba e as unhas, vestindo-os com as melhores roupas ou com mortalhas ritualmente significativas. Em ambas as tradições aconteciam cerimônias de despedida e vigílias, durante as quais se comia e bebia, com a presença de sacerdotes, familiares e membros da comunidade. O culto dos mortos tinha uma relevância muito maior na tradição africana, embora não estivesse absolutamente ausente da portuguesa. (...) Os africanos de um modo geral tinham muitos rituais mais complexos de comunicação com os mortos. Enquanto isso, a doutrina da Igreja não se interessava especificamente em cultuar os

mortos, concentrando-se em salvá-los. Os vivos, é verdade, podiam interceder por eles mediante orações e missas, mas os mortos, por ignorarem as coisas do mundo no momento em que aconteciam, pouco podiam fazer pelos vivos. Os mortos ganharam mais importância no catolicismo popular, ainda impregnado de fortes componentes mágicos e pagãos.[175]

Apesar das semelhanças entre alguns rituais e cuidados com o morto, observa-se que houve "estranhamento" por parte de alguns cristãos, principalmente os vindos de fora do país, acerca de costumes dos africanos no enterramento, por conta de elementos, tais como "pressa", "alegria" e "barulho" no cortejo, com acessórios que sugeririam um dia de festa (rostos pintados, enfeites de cabeça, canto, dança, tambores, alimentos e bebidas).[176]

Esse conteúdo festivo dos ritos funerários era marca de vários grupos africanos e pode ser compreendido como uma celebração do encontro que estaria por vir do morto com seus ancestrais. Como não havia, entre eles, a ideia de um Além em que se poderia sofrer, a festa estava justificada, ao contrário do

---

[175] FRANCISCO, Cícera Rosilene; BASTOS, Yuriallis Fernandes. "Cultos e memória dos mortos nas análises de Gilberto Freyre", in: *Caos*, 2000.

[176] RODRIGUES, Claudia. *Lugares dos mortos na cidade dos vivos*, p. 158-159. Baseado em alguns relatos de estrangeiros que viveram no Brasil durante alguns anos do século XIX, como John Luccock e Jean Baptiste Debret, que escreveram livros sobre os costumes brasileiros e espantaram-se, a partir de sua visão etnocêntrica, com alguns elementos que a amálgama cultural brasileira apresentava. LUCCOCK, John. *Notas sobre o Rio de Janeiro*, p. 35; DEBRET, Jean Baptiste. *Viagem pitoresca e histórica ao Brasil*, p. 178.

universo cristão, em que o destino da alma estava condicionado ao Juízo final. Lembremos também que o caráter festivo da morte aparece entre os grupos indígenas, brevemente citados no subitem anterior. Pode-se daí deduzir que duas das principais matrizes da religiosidade popular brasileira têm na festa da morte uma de suas expressões mais genuínas.

Entre o final do século XVII e início do XVIII ocorreram na colônia portuguesa reformas eclesiásticas importantes, como a edificação de novas paróquias, que tiveram por objetivo "adaptar as determinações eclesiásticas europeias ao contexto do Novo Mundo".[177] Desde então, os escravos passaram a ser considerados pertencentes à comunidade católica, cabendo aos párocos velar por sua assistência espiritual, oferecendo auxílio e conforto na hora da morte. Isso se observou em diversos estados brasileiros, como Minas Gerais, Maranhão e Bahia.

Antes da extrema-unção era oferecida ao moribundo a comunhão. Se o estado físico debilitado persistisse, as regras católicas previam o último e extremo rito, purificador, que prepara a entrada do cristão para o Além, requisito para a salvação de sua alma. Com elementos como óleo, toalha limpa, vela e cruz, as preces, orações e unções eram feitas a todos os cristãos (escravos ou não), com exceção daqueles que morrem por "morte violenta por justiça"; dos que "entram em batalha ou larga e perigosa navegação no mar"; dos "excomungados e impenitentes que tiverem em pecado público"; dos que "não têm uso da razão" e daqueles que faleciam repentinamente.

---

[177] VENANCIO, Renato Pinto. "Os escravos e a morte: uma sondagem nos registros paroquiais de óbitos de Minas Gerais colonial", in: *XI Encontro Nacional de Estudos Populacionais*, 1998.

Os escravos tinham de reafirmar sua fé católica no momento da morte, respondendo se amavam "somente a Deus",[178] como uma forma de precaução contra a idolatria aos orixás e outros deuses africanos.

José Henrique Motta Oliveira[179] afirma que, ao contrário do foco da Igreja, "a religiosidade professada pelo povo não era fruto de uma preocupação com a salvação eterna, mas uma incessante busca pela realização de múltiplas exigências da vida cotidiana". Cita os mecanismos de conversão e incorporação da tradição religiosa católica pelos negros e índios, afirmando que a permanência das práticas católicas no "inconsciente do povo brasileiro" remete-se à obrigatoriedade de se professar a fé cristã no período colonial. Essa obrigatoriedade, paradoxalmente ao mecanismo de controle que contém, possibilitou aberturas para um diálogo de sincretismo com devoções indígenas e de escravos africanos. Os santos, por exemplo, são figuras intermediárias que se aproximam da pluralidade do panteão africano e indígena, trazendo correspondências que o catolicismo popular pode absorver como um politeísmo latente.

Mas é importante se ter em mente que "a prevalência do culto aos santos no catolicismo popular é uma herança de Portugal medieval que se instalou no Brasil pelos colonizadores leigos".[180] Isso quer dizer que o povo brasileiro foi construindo sua religiosidade em meio a várias matrizes que se sobrepuseram com maior ou menor intensidade, de acordo com cada momento e necessidade histórica.

---

[178] REIS, João José. *A morte é uma festa*, p. 106.
[179] OLIVEIRA, José Henrique Motta. "Catolicismo: uma religião obrigatória", in: *Usos do Passado*, 2006.
[180] OTTEN, Alexandre H. *Só Deus é grande*, p. 95.

Assim como outros rituais, festas e atividades religiosas, as relacionadas à morte também foram "amalgamadas", num diálogo entre catolicismo e outras tradições. Os rituais fúnebres da aristocracia branca possuíam fartura, luxo material e túmulos com monumentos (a partir do XIX). Geralmente esses rituais eram realizados à noite, em geral sob a luz de tochas, com a cabeça do morto descoberta para que a sociedade pudesse contemplá-lo pela última vez. O morto era vestido com o hábito da irmandade a qual pertencia e, caso fizesse parte de irmandade renomada, era coberto com as insígnias da Ordem Célebre. Finalmente, caso tivesse recursos, o cortejo era acompanhado por cânticos. "O funeral teria que ser do tamanho de sua influência em vida."[181]

Alguns usavam vestes de santos, buscando proteção na passagem para o além. A mortalha de santo "antecipava a fantasia de reunião à corte celeste" e foi considerada por João José Reis como "uma espécie de disfarce de pecador"[182]

De forma tão ou mais evidenciada que em outros rituais, na morte, as diferenças de classe ficavam e ficam até hoje bastante explícitas. A suntuosidade do ritual funerário estaria associada com uma passagem mais tranquila ao céu. O enterro dos escravos antigos da casa, que eram mais próximos dos senhores, também possuía muitos elementos ritualísticos, "com destaque para a confissão póstuma, a comunhão e a entrega da alma a Jesus, Virgem Maria e aos santos, que deveriam acolhê-las (no céu, é lógico)".[183] Finalmente, para os escravos mais distantes

---

[181] COE, Agostinho Júnior Holanda. *A morte e os mortos na sociedade ludovicense (1825-1855)*, p. 20.
[182] REIS, João José. *A morte é uma festa*, p. 124.
[183] FRANCISCO, Cícera Rosilene; BASTOS, Yuriallis Fernandes. "Cultos e memória dos mortos nas análises de Gilberto Freyre", in: *Caos*, 2000.

da casa e os escravos da cidade, os cultos fúnebres não tinham grande relevância. Seus corpos eram enterrados em covas rasas, com cruzes negras de identificação das sepulturas, e sua memória ficava relegada a um plano bem inferior e esquecido na sociedade.

Alguns senhores mandavam dizer missa por alma dos escravos de estimação; enfeitavam-lhes as sepulturas de flores; choravam com saudade deles como se chorava com saudade de um amigo ou de um parente querido. Mas havia também muito senhor bruto. E na cidade com a falta de cemitério durante os tempos coloniais, não era fácil aos senhores, mesmo caridosos e cristãos, darem aos cadáveres dos negros o mesmo destino piedoso que nos engenhos. Muitos negros foram enterrados na beira da praia: mas em sepulturas rasas, onde os cachorros quase sem esforços achavam o que roer e os urubus o que pinicar.[184]

Além dos rituais, outros dados também chamam atenção quando nos referimos à morte no Brasil até o século XIX. Uma reportagem da revista *Superinteressante*[185] traz um levantamento de alguns registros dos livros de óbitos brasileiros até meados do século XIX, em que a Igreja e seus representantes eram os responsáveis por determinar a causa das mortes no país.

A título de exemplificação, reproduzo a seguir, literalmente, o que foi publicado na revista:

---

[184] FREYRE, Gilberto. *Casa-Grande & Senzala,* p. 455.
[185] "Morreu de quê?!", *Superinteressante,* dezembro, 2005, p. 22. A fonte utilizada pela matéria são os registros extraídos em leitura paleográfica pelo historiador José Luiz Cavalcante dos livros de inumação da Cúria Metropolitana de São Paulo e do Arquivo Histórico Municipal Washington Luís.

## "De que morriam os brasileiros?"

| Ano | Nome | Causa Mortis |
|---|---|---|
| 1768 | Maria Antônia | Alienação dos sentidos |
| 1771 | Cônego Tomé Pinto | Subitamente, porque o acharam morto na cama |
| 1859 | João | Cãibra no sangue |
| 1860 | João (escravo) | Congestão cerebral |
| 1860 | Francisco Antonio | Cupim nos pés |
| 1861 | Maria Joana das Dores | Apressadamente |
| 1861 | Hermenegildo | Morte repentina, envolto em cetim vermelho |
| 1862 | Joaquim de Jesus | Ataque cerebral |
| 1862 | João Batista | Mal de fogo |
| 1862 | Prixa | Quebradeira de espinhaço |
| 1868 | João | Marasmo |

É possível tentar compreender algumas dessas causas de morte com o entendimento médico e científico de hoje, como "mal de fogo", que nos sugere morte por queimaduras graves. Entretanto, "cupim nos pés", "morte repentina, envolto em cetim vermelho", "cãibra no sangue", "marasmo", "congestão cerebral" são expressões que nos levam a refletir sobre a exata imagem de morte de cada sujeito. No relato: "morte repentina, envolto em cetim vermelho", podemos destacar o aspecto imagético da morte e um elemento simbólico e cenográfico como o cetim vermelho. A cor vermelha tem um simbolismo carregado de significações, ligando-nos às ideias de sangue e luxúria, principalmente.

Essa imprecisão da *causa mortis* deve-se muito ao fato de a responsabilidade por esse tipo de avaliação ficar nas mãos dos representantes da Igreja e não da classe médica, na época. Pode-se perceber uma cultura "leiga", com critérios pouco definidos de categorização, os quais foram posteriormente modificados de modo significativo pela laicização do Estado, que trouxe um tom profissional à morte.

As categorias imprecisas de morte aproximam-se de conceitos da cultura popular, parecendo levar em conta relatos do povo, ou justificativas que tentam se apoiar na lógica leiga, como se apresenta sugerido em: "subitamente, porque o acharam morto na cama".

No próximo item, tentamos compreender um pouco mais dessa lógica popular reproduzida pelos padres, a quem era conferido o poder de "diagnosticar" as causas de morte, antes da intervenção do estado nessas questões.

### 3.3 – Religiosidade popular brasileira: matrizes, mitos e vivências cotidianas em diálogo

Para se tentar compreender como a morte é abordada pela cultura popular brasileira, devemos procurar investigar o denso e permeável cenário religioso de nosso país. Eis uma tarefa complexa, que envolve fôlego acadêmico.

Tendo em mente esse caráter de resistência e sobrevivência adaptativa da religiosidade popular, reflitamos agora brevemente acerca das transformações presentes no contexto religioso contemporâneo, no que se refere ao Brasil, especificamente.

Tomemos como ponto de partida a "religiosidade mínima brasileira",[186] que parece mostrar elementos e características que permanecem em nossa cultura, a despeito das transformações sociais, como é o caso da crença em Deus. O brasileiro é, em essência, um crente, e parece incorporar essa concepção aos mais diversos contextos de sua vida.

José Bittencourt Filho[187] afirma que a matriz religiosa brasileira é constituída pela combinação das raízes do catolicismo ibérico com a magia europeia, as religiões indígenas e as religiões africanas trazidas pelos escravos negros. O tripé: indígena-africano-católico (levando-se em conta as composições entre catolicismo oficial e popular) parece ser o cerne de nossa religiosidade, oferecendo os pressupostos para as crenças no pós-morte. Outro autor,[188] na mesma direção, também associa a morte a um ponto-chave em relação às grandes mães do pensamento religioso brasileiro:

> (...) ousaria afirmar que o catolicismo popular, o espiritismo e a umbanda constituem-se nas três fontes básicas desse fenômeno difuso, que dilui as fronteiras. (...) Suspeito, isto sim, que o ponto em comum ou o tema transversal entre essas três religiões seja a ideia da imortalidade da alma e, por conseguinte, a possibilidade de comunicação entre o mundo dos mortos e o dos vivos. Por esta razão, a ideia de reencarnação, amplamente difundida pelo espiritismo, é voz corrente entre o povo[189].

---

[186] DROOGERS, André. "A religiosidade mínima brasileira", in: *Religião e Sociedade*, 1987.
[187] BITTENCOURT FILHO, José. *Matriz religiosa brasileira*, 2003.
[188] BOBSIN, Oneide. "Tendências religiosas e transversalidade: hipóteses sobre a transgressão de fronteiras", in: *Estudos Teológicos*, 1999.
[189] Ibid., p. 5-6.

É importante se pensar em termos de "religiosidade mínima brasileira". A despeito de alterações significativas no cenário religioso de nosso país nos últimos anos, o Brasil é ainda um país marcadamente católico, hajam vistos os 70% aproximados que se mantêm em dados estatísticos como um reflexo de nossa matriz religiosa. Mesmo tratando-se de um dado discutível, o catolicismo popular brasileiro, à sua maneira, é parte integrante do imaginário de todos nós.

Algumas características desse catolicismo popular, tão difícil de ser definido e delimitado, podem ser "tomadas" de empréstimo de Alexandre H. Otten,[190] que, embora tenha tratado em sua obra de um tipo específico de catolicismo que ancorou o movimento da Antonio Conselheiro no nordeste, reflete circunstâncias que podemos ampliar ao catolicismo popular brasileiro de modo geral.

O primeiro ponto observado pelo autor é a importância do culto aos santos. O povo brasileiro estabelece uma relação de proximidade e intimidade com os santos, tratando-os como intermediários entre os homens e Deus, muito mais distante. Os santos, entende-se, um dia foram como nós, homens, pecadores, mas através de suas virtudes puderam elevar-se, portanto, os santos podem "entender" e "relevar" nossa natureza imperfeita. Existe uma relação de troca fiel, entre santos e seres humanos, a partir das promessas e das graças.

Já Deus, no catolicismo popular, é "a projeção de um senhor feudal",[191] uma majestade severa no trono distante que julga, ordena, separa e dá o veredicto final. Para o povo em geral, Deus tem a

---

[190] OTTEN, Alexandre H. *Só Deus é grande,* p. 95.
[191] Ibid., p. 99.

imagem de um patrão, que está no mais alto ponto, inatingível em qualquer escala social, diferente de seus "escudeiros" beatos que se prontificam a "descer" e dialogar com as imperfeições mortais. Por isso, a Deus é reservado o silêncio, o temor e o respeito; aos santos, os festejos, as negociações e as adorações.

Diante desse Deus implacável, os sofrimentos humanos muitas vezes assumem visões e justificativas apocalípticas, ligadas à cólera divina. As misérias, desigualdades sociais e a violência são compreendidas dentro da lógica religiosa de castigo, e a sociedade assume, desta forma, culpas espirituais pelas catástrofes, que até podem ser anteriores ao indivíduo. As mazelas do ser humano não são entendidas como meros acasos.

A correlação feita entre visão religiosa e fatalismo como sinônimos não se aplica aos folhetos de cordel analisados. Ou seja, a entidade divina (Deus, Jesus, etc.) aparece com o poder de decidir sobre o futuro das pessoas, da sociedade, mas dificilmente essa decisão é explicada como um mero capricho divino, um ato de vontade, sem justificativas.[192]

E as justificativas citadas pela autora caem sempre na mesma problemática central: uma consequência severa aos pecados humanos.

Por fim, temos Jesus, uma figura humana e divina, familiar e distante, ora Deus, ora Filho do Homem. Como Menino Jesus, é simpático e frágil, tal qual os humanos. Na pele de Cristo, torna-se o mártir sofredor. Como entidade divina é inatingível, igualmente a Deus. De todas as entidades católicas, entretanto, Jesus é a que possui mais identificações com a morte e o sofrimento, sendo

---

[192] KOSHIYAMA, A. M. *Análise do conteúdo da Literatura de Cordel*, p. 19.

aquele que morreu para expiar nossa culpa, para nos salvar. Jesus é o irmão que se sacrifica por nós; um aliado que nos lembra a todo momento de nossa missão na Terra e nos faz persistir, mesmo diante da dor. Jesus nos dá força e coragem.

Para além das figuras e dos elementos do catolicismo que perpassam a cultura brasileira como um todo, muitas mudanças na filiação religiosa têm se destacado nos últimos anos. Pode-se perceber o importante papel que o neopentecostalismo vem ocupando no cenário religioso brasileiro.

Bobsin[193] aponta um caráter de "continuidade" ou "contrabando simbólico" entre catolicismo popular e pentecostalismo no Brasil. Os termos cunhados pela autora ilustram as relações existentes entre as duas grandes forças religiosas. De um lado, líderes carismáticos "importam" modelos de louvor e exaltação emocional de culto dos neopentecostais, e veem-se inúmeros fiéis católicos migrando para a "cura de Jesus"; de outro, percebe-se um discreto movimento entre algumas instituições pentecostais na aceitação de elementos "mágicos" e intermediários além da Bíblia, entre homens e Deus. Ela ainda arrisca uma hipótese: "O neopentecostalismo não representa um conteúdo religioso novo, mas uma forma de ser religioso, em estilo pós-moderno".

Na mesma direção, uma outra citação de Bobsin ilustra esse conceito de continuidade: "A ideia weberiana de que o protestantismo inaugurou a partir da Reforma do século XVI uma religião sem magia, ou seja, rompeu com a possibilidade de manipulação da vontade divina, está muito longe da 'matriz religiosa' brasileira"[194].

---

[193] BOBSIN, Oneide. "Tendências religiosas e transversalidade: hipóteses sobre a transgressão de fronteiras", in: *Estudos Teológicos,* 1999.
[194] Ibid., p. 5-6.

É importante pensar que esse caráter mágico de nossa religiosidade traz implicações diretas nas concepções de morte e de Além, uma vez que a magia nada mais é do que a crença no poder e na capacidade de manipulação do destino e das forças sobrenaturais. Tal manipulação visa, em geral, eliminar sofrimento, afastar maus presságios, evitar os males, sendo o maior deles a morte, é claro.

O poder de intermediar energias que se referem ao mundo dos vivos e dos mortos e a possibilidade de acessar o universo espiritual com o intuito de controlá-lo em favor próprio são atributos da religiosidade mágica. Ao negociarmos circunstâncias favoráveis com um santo, ao atribuirmos certos fatos à nossa "mandinga" ou "simpatia", nada mais fazemos que buscar a todo custo uma vida próspera, longe da morte.

Magia e morte relacionam-se, portanto, intimamente. Os poderes de cá combatem e interpelam os poderes de lá; negociam, barganham, defendem-se e atacam diante de ameaças.

Na nossa cosmologia fúnebre os mortos não aparecem somente para pedir e demandar. Eles também dão e oferecem, fazendo com que se possam descobrir tesouros ou acertar na loteria. De fato, o comércio entre vivos e mortos é amplo e intenso entre nós, manifestando-se por meio de múltiplos meios e instrumentos. Avisos, presságios, sinais, acidentes, coincidências e, sobretudo, sonhos e mediunidade de certas pessoas, são como lugares pelos quais a comunicação se dá... [195]

---

[195] DAMATTA, Roberto. *A Casa e a Rua*, p. 145.

Da Matta também observa que a morte na sociedade brasileira é focada na figura dos mortos, na forma de espíritos, fantasmas e assombrações, sendo, desse modo, atenuada ou negada parcialmente, uma vez que se constrói um mundo paralelo, em que nossos compadres continuam a existir, a despeito de estarem sob uma forma física diferenciada. O Além, para o brasileiro, é um lugar vivo, povoado de seres conhecidos, que há pouco conviviam conosco. Um lugar pelo qual devemos ter respeito, orando e mantendo na lembrança a memória acesa da existência de nossos conterrâneos.

Essa convivência íntima entre mortos e vivos é denominada por DaMatta[196] de "proximidade moral" e nos lembra que os enterramentos em espaços sagrados não estavam relacionados apenas à questão da salvação da alma, mas também a uma familiaridade de território entre vivos e mortos. Os últimos precisavam estar perto, sob a guarda dos primeiros; como afirma Cecília Meireles,[197] "a vida é a vigilância da morte". Portanto, a salvação a que poderíamos nos referir é principalmente a dos que ficam, que tentam se "beneficiar" da relação com os mortos, vigiando a "marvada". Esse benefício não se vincula unicamente à função de proteção. Considera-se, nesta dissertação, que o principal fruto da relação íntima dos vivos com os mortos, para os primeiros, é a reafirmação de sua identidade neste mundo, a percepção dos mistérios e poderes maiores que nos rondam, situando-nos, a cada um, com um papel vital no todo.

---

[196] Ibid., p. 144.
[197] MEIRELES, Cecília. Trecho da poesia: "Reparei que a poeira se misturava às nuvens", in: SECCHIN, Antonio Carlos (org.). Cecília Meireles. Poesia Completa, 2001.

Para ilustrar tal relação íntima, podemos recorrer a alguns mitos do folclore brasileiro, que mostram uma infinidade de imagens e situações recorrentes, ligadas à morte e à presença dos mortos entre nós. A função desse vínculo "vivos-mortos" geralmente se relaciona a temas como vingança; conclusão de uma atividade que não foi realizada em vida; casos de amor, que envolvem geralmente uma bela mulher morta com um homem vivo; situações que prenunciam a morte de alguém.

Há dois relatos baseados em mitos locais da cidade de Belém: "O fantasma erótico da Soledade" e "Noivado sobrenatural"[198] referem-se a narrativas em que um homem é envolvido por uma mulher sedutora e ardente que se revela ao final. A abordagem inicial, no entanto, é sempre despretenciosa.

No primeiro relato, a mulher pede auxílio a um homem que estava nas imediações do Cemitério da Soledade, em Belém, para encontrar sepulturas de parentes falecidos. Alegando ser de fora da cidade, roga pela hospitalidade do homem, que vai cedendo até que ela se aproxima com intenções sexuais. Ao tentar fugir percebe que a mulher era, na verdade, um fantasma. No final, ele enlouquece.

Já o "noivado sobrenatural" retrata um homem que acaba de romper o relacionamento e de ser demitido; um homem frustrado, deprimido, que sai a andar de modo desorientado, até encontrar-se com uma mulher envolvente que o leva para sua "casa". Após seduzi-lo, eles se envolvem, e a mulher conta que este havia sido seu primeiro amor. Ela lhe agradece e lhe dá um anel para que não se esqueça dela. Adormecem. Ao acor-

---

[198] In: MONTEIRO, Walcyr. *Visagens e assombrações de Belém*, p. 79-91.

darem, o homem vê-se sobre o túmulo da moça com a qual se envolvera e nota sua foto com as inscrições funerárias. Estava no Cemitério de Santa Izabel.

Ambos os relatos mostram a crença em um poder dos mortos: o de se fazerem confundir com os vivos, de nos enganar, de nos ludibriar, de nos seduzir. Nesse sentido, os espíritos podem ser perigosos para nós, como algumas sociedades acreditam.

Na literatura de cordel, uma das importantes formas literárias populares de nossa cultura, a morte é um tema que vez por outra pulula nos folhetos, sempre em consonância com a visão religiosa popular do nordestino, em que "as desgraças pessoais ou calamidades sociais são decorrentes da desobediência do homem a preceitos superiores".[199]

Um folheto de Pernambuco, chamado O Homem do Além,[200] codinome do personagem principal, retrata um homem bom, justo, que ao se transfigurar no Homem do Além intercede a favor dos oprimidos, na luta contra o Mal. Esta figura do Além traz o sermão da morte, embutido em seus atos e discursos. Abaixo, alguns trechos que ilustram elementos bem característicos do catolicismo popular:

O bem, palavra sublime
Para quem é bom e justo
O mal, fonte insaciável
Para o mal, vil e injusto
O mal surge toda hora

---
[199] KOSHIYAMA, A. M. *Análise do conteúdo da Literatura de Cordel*, p. 21.
[200] SILVA, João José da. *O Homem do Além*, s.d.

E Bem... com muito custo.
(...)
O que vocês praticaram
Vão pagar tudo em seguida
As moças que desonraram
E aos que tiraram a vida
Que vim pra fazer justiça
E farei bem na medida

Na mesma direção, um folheto sobre os sermões de Padre Cícero[201] afirma: "Aquele que quiser a riqueza da eternidade tem de comprá-la dando esmolas", relembrando a inversão social que ocorre na hora da morte.

Para finalizar esse item, citemos mais uma história popular,[202] chamada de "A lenda do vaso morto", na qual o vaso morto – a primeira tacha de um assentamento de cana para se fabricar açúcar – solta um gemido, que lembra buzina de automóvel. Para a população, esse era um sinal da morte do senhor do engenho, que, no entanto, nega a hipótese, mas de fato falece, oito dias após os gemidos. A moral presente é que a morte dá avisos e que estes são conhecidos por todos.

---

[201] KOSHIYAMA, A. M. "A vida e os antigos sermões do padre Cícero Romão Batista". In: KOSHIYAMA, A. M. *Análise do conteúdo da Literatura de Cordel*, p. 20.
[202] DANTAS, Paulo. *Estórias e Lendas do Norte e Nordeste*, p. 66-69.

## 3.4 – Cemitérios de São Paulo:
## Algumas considerações e a escolha do campo

Principais cemitérios paulistanos e sua fundação:[203] Em destaque, os cemitérios com os quais se optou trabalhar nesta pesquisa.

| CEMITÉRIOS | ÁREA (M²) | ANO DA FUNDAÇÃO |
|---|---|---|
| + *Araçá* | *222.000* | *1887* |
| + Brás | 182.860 | 1880 |
| + Campo Grande | 138.912 | 1953 |
| + *Consolação* | *76.340* | *1858*[204] |
| + Dom Bosco | 254.000 | 1971 |
| + Freguesia do Ó | 15.000 | 1908 |
| + Itaquera | 115.572 | 1929 |
| + Lageado | 56.970 | 1903 |
| + *Lapa* | *76.942* | *1918* |
| + Parelheiros | 1.800 | 1956 |
| + Penha | 16.880 | 1910 |
| + Santana | 38.485 | 1897 |
| + Santo Amaro | 28.800 | 1856 |
| + São Luiz | 326.000 | 1981 |
| + São Paulo | 104.000 | 1926 |
| + São Pedro | 219.780 | 1971 |
| + Saudade | 134.000 | 1960 |
| + Tremembé | 80.212 | 1937 |
| + Vila Formosa I - I I | 763.000 | 1949 |
| + *Vila Mariana* | *73.699* | *1904* |
| + *Vila Nova Cachoeirinha* | *350.000* | *1968* |

---

[203] Fonte: DUARTE, Milene Araújo Moreira. "Serviço Funerário do Município de São Paulo", in: *Um Lugar de Descanso: Arte Tumular no Cemitério da Consolação*, s. d.

[204] O ano oficial de fundação do cemitério da Consolação é 1858; entretanto, em 1856, é aprovado o primeiro regulamento para os cemitérios da cidade de São Paulo e já têm início as discussões, visando a construção do Cemitério Municipal, depois denominado de Cemitério da Consolação, inaugurado em agosto de 1858.

## Cemitério da Consolação

A escolha dos cemitérios baseou-se nas possibilidades oferecidas pelo contato com o campo. É importante se observar que cada cemitério possui uma especificidade, tanto no contato com a pesquisadora, quanto de elementos que constituem uma dinâmica própria de funcionamento. Abaixo, tentaremos descrever como se deu esse contato, quais foram as impressões e situações mais relevantes do encontro. Voltaremos a abordar esse assunto no próximo capítulo.

De partida, optou-se por trabalhar o cemitério da Consolação, por conta de sua importância histórica. Em 31 de outubro de 1854, após todo o debate público e as circunstâncias retratadas no capítulo anterior, o vereador José da Silva Teles deliberou sobre a construção de um cemitério público em São Paulo. A deliberação foi aprovada pela Câmara, que passou a debater o local em que se daria tal construção.

Lembremos que o crescimento populacional do país naquele período era intenso e em São Paulo esse dado podia ser observado com muita força, principalmente no ano de 1855.[205] A determinação pelo bairro do alto da Consolação deu-se por conta de ser, na época, um lugar "bastante afastado da cidade e sem moradores".[206] Após discussões sobre detalhes da construção e do funcionamento do novo cemitério – como em que local ficaria a casa dos empregados, como se daria o papel das irmandades dentro do cemitério, a necessidade de autorização policial para haver qualquer enterramento, a

---

[205] Cf. Maria Amélia Salgado LOUREIRO, *Origem histórica dos cemitérios*, p. 63.
[206] Ibid., p. 63.

profundidade e as medidas das covas, entre outras minúcias[207] –, em agosto de 1858 inaugura-se o Cemitério Municipal, depois chamado de Consolação.

    Fui muito bem acolhida nesse cemitério. O administrador foi receptivo, acompanhou meu trabalho, fazendo questão de conhecer os pormenores de minha pesquisa. Os sepultadores – já acostumados a fornecer entrevistas – foram igualmente gentis e contaram que aquele era o local de trabalho mais seguro que poderiam ter, pois no cemitério da Consolação reinava paz. E, por conta da maior parte dos enterramentos lá ser de pessoas idosas, eles se sentiam cumprindo um dever social, pois "os velhos já viveram, já cumpriram sua missão, então, podem ser enterrados tranquilamente. Quando enterramos muita criança é que fica complicado" – disse-me um sepultador. É natural que os enterramentos de pessoas de mais idade e determinada faixa socioeconômica sejam realizados no cemitério mais tradicional de São Paulo.

    O "sossego" também pode ser atribuído às boas condições de trabalho. O administrador contou-me que, por aquele cemitério ser visado pela Imprensa, em função de sua história e de seu patrimônio de arte, o Estado preocupa-se em manter o funcionamento adequado, com boas condições profissionais. Portanto, o cemitério da Consolação não padece dos problemas que veremos em alguns outros cemitérios, amenizando as situações mais difíceis do trabalho do sepultador. Todos os entrevistados desse local afirmaram gostar da profissão, o que também

---

[207] Cf. O primeiro regulamento elaborado para os cemitérios da cidade de São Paulo. In: Maria Amélia Salgado LOUREIRO, *Origem histórica dos cemitérios*, p. 88-97.

é um fato marcante, já que a maioria dos entrevistados diz não gostar do que faz.

O cemitério da Consolação foi o terceiro que visitei (após o do Araçá e o da Vila Mariana) e pude observar alguns elementos que até então não haviam se destacado em minha pesquisa. O papel do cemitério como um espaço de carinho, ternura e aconchego foi a imagem que se destacou em minha lembrança nas visitas ao Consolação, talvez reforçada pelo clima amistoso e pela serenidade dos sepultadores. Além desses elementos, não se pode deixar de citar a importância das famílias e das identidades de pessoas ali enterradas, expressas pelos mausoléus e inúmeras obras, que causam profundo impacto visual. Os sepultadores pronunciaram frases de cunho marcadamente cristão, frases bíblicas, afirmando acreditarem em Deus e na ressurreição, mas estarem "perdidos" em termos de filiação religiosa, naquele momento.

### Cemitério da Vila Nova Cachoeirinha

A segunda alternativa veio no contraponto às características do cemitério da Consolação, já que se decidiu trabalhar também com uma região periférica, de situação socioeconômica menos privilegiada, a fim de se estabelecerem alguns parâmetros de comparação, evitando incorrer em erros ou imperfeições, ao se ignorar uma realidade. Daí a escolha do Vila Nova Cachoeirinha, cemitério que se localiza na Zona Norte de São Paulo.[208]

---

[208] O bairro Vila Nova Cachoeirinha é vizinho ao distrito Brasilândia e ambos pertencem à Subprefeitura da Freguesia/Brasilândia.

Esse bairro é um dos dezenove distritos de São Paulo com maiores índices de vulnerabilidade juvenil[209] e a situação de violência fica estampada em seu em torno, antes mesmo de se recorrer a números.

Em linhas gerais, pode-se dizer que, num contexto de alta precariedade urbana como o verificado no distrito da Brasilândia, predomina a seguinte dinâmica: são áreas pobres, com grande concentração de moradias precárias (muitas em áreas de risco) e altos índices de violência e criminalidade. Por conta disso, serviços básicos como saúde, educação e segurança pública também são oferecidos precariamente, seja pela dificuldade de instalação física dos equipamentos públicos necessários, seja pelo alto grau de rejeição dos profissionais em trabalharem nestas áreas, principalmente por conta da violência local, num ciclo vicioso em que a desigualdade social alimenta a violência, que por sua vez reforça esta desigualdade.[210]

Ao chegar a esse cemitério, o segundo maior de São Paulo e último da minha lista de visitas,[211] confesso que me senti desconfortável. Logo que cheguei, fui abordada por meninos, supostos guardadores de carro, que, entretanto, estavam com saquinhos na boca, como se inalassem cola. O administrador recebeu-me – tínhamos horário marcado pela Assessoria de Imprensa –, mas senti que não havia um clima muito amistoso, já que disse logo

---

[209] Cf. Diagnóstico da situação de violência, Distrito Brasilândia, *Projeto São Paulo em Paz,. Instituto Sou da Paz*, p. 2.
[210] Ibid., p. 7.
[211] Os dias e horários de visitas são determinados pela Assessoria de Imprensa dos cemitérios.

de início que "a conversa teria de ser rápida, pois o dia estava conturbado". O cemitério passava por afastamento temporário de um dos funcionários por conta de alcoolismo, segundo ele, um dos principais problemas com os sepultadores do local.

Num dado momento da entrevista percebi que o administrador do Vila Nova Cachoeirinha estendera-se no tempo comigo muito além do que inicialmente se propusera, e senti que eu estava sendo vista como uma agente que intermedia relações do cemitério com o Estado, pois ele fez inúmeras reclamações sobre as condições de trabalho, a sujeira, as doenças, a falta de materiais (como luvas, pá), o descaso dos governantes frente a situações como o alcoolismo dos sepultadores do cemitério.[212] Reclama, inclusive, das famílias dos mortos, que, segundo ele, querem "descontar mágoa e raiva aqui no cemitério". Falou, ainda, que ocorrem assaltos com frequência àquele cemitério – durante a sua gestão já ocorreram dois.

> Já fui ameaçado com uma arma para mudar o horário de um enterro. O irmão de um cara falou que tinha um trabalho para fazer naquela hora e que se eu não mudasse, levava chumbo.

> O cemitério aqui já foi assaltado, porque eles trazem 240 reais em um carro forte. Só para chamar atenção.[213]

---

[212] A questão do alcoolismo entre os sepultadores será abordada mais profundamente no próximo capítulo.

[213] O administrador refere-se a uma verba destinada ao cemitério Vila Nova Cachoeirinha, a qual chega no carro-forte. Segundo ele, esse ato de vir no carro-forte é desnecessário, por tratar-se de "valor tão baixo", além de chamar atenção das pessoas da região.

Ao adentrar no cemitério também percebi outros elementos da dura realidade a qual se referia o administrador. Os sepultamentos ocorrem em covas rasas, diretamente no solo, por isso, as chuvas e outros fenômenos naturais removem ossadas e pedaços humanos, que ficam visíveis a qualquer transeunte. A população usa o cemitério para atravessar a outro bairro e fica exposta a situações de contaminação, como apontam alguns pesquisadores.[214]

O Cemitério Municipal Vila Nova Cachoeirinha, na Zona Norte de São Paulo, é um exemplo de solo contaminado, falta de higiene e de condições sanitárias adequadas. Localizado ao pé da Serra da Cantareira, a formação geológica deste cemitério possibilita o escape do necrochorume para a superfície e para o lençol freático, prejudicando comunidades vizinhas. Ao cavar poços irregulares nas proximidades desses cemitérios, a população carente que mora no entorno corre o risco de consumir água potencialmente contaminada pelo necrochorume, segundo pesquisa coordenada pelo Prof. Dr. Leziro Marques. Outro pesquisador da USP, Prof. Dr. Alberto Pacheco, detectou bactérias e vírus capazes de transmitir doenças como poliomielite, meningite e hepatite A, por exemplo, em amostras de água retiradas do solo do Cemitério Municipal Vila Nova Cachoeirinha.[215]

---

[214] ANDRADE, Flavio F. A.; BORTOLOZZO, Nilza; FELICIONI, Fernanda. *A ameaça dos mortos*, 2007.
[215] Trecho retirado do site: http://aameacadosmortos.blogspot.com/. Cf. NDRADE, Flavio F. A.; BORTOLOZZO, Nilza; FELICIONI, Fernanda. *A ameaça dos mortos*, 2007.

Necrochorume no Cemitério Vila Nova
Cachoeirinha[216]

Outro ponto de significado importante ao estudo do imaginário é que há muitos assassinatos de pessoas jovens na região, o que, segundo o administrador, dificultaria o trabalho dos sepultadores, na medida em que é mais "dolorido e indigesto" enterrar jovens.

---

[216] A imagem mostra o extravasamento do necrochorume no Cemitério Vila Nova Cachoeirinha. MATOS, A. Bolívar. *Universidade de São Paulo. Instituto de Geociências. Departamento de Geologia Sedimentar e Ambiental*. Disponível em: http://www.igc.usp.br/subsites/cemiterios/cemit.php

"A maior causa de morte desse cemitério é, sem nenhuma dúvida, homicídio, assassinato, mesmo. E não é de qualquer pessoa, não. É de jovem. 17, 18, 20, 23 anos. Essa é a média" (Administrador do Cemitério da Vila Nova Cachoeirinha).

Os apontamentos do administrador reverberam em dados de pesquisa, como podemos ver abaixo:

> Os **jovens** da Brasilândia merecem atenção especial, pois, além de serem parte relevante da população do distrito, são os mais vulneráveis às situações de violência, e os mais receptivos a ações de caráter preventivo.[217]

### Cemitério do Araçá

Em minha carta à Assessoria de Imprensa dos cemitérios, na qual apresento-me e peço autorização para visitar os cemitérios e desenvolver minha pesquisa, friso que escolho trabalhar com os cemitérios da Consolação e da Vila Nova Cachoeirinha, pelos motivos já apresentados, e mais três que estivessem disponíveis. Portanto, os cemitérios do Araçá, da Lapa e da Vila Mariana foram escolhidos de acordo com as respostas obtidas com a Assessoria de Imprensa, a qual determinou esses locais, após consultar os administradores. Fiz três visitas a cada cemitério durante os anos de 2006 e 2007.

Comecemos pelo cemitério do Araçá, destinado à elite, da mesma forma que o da Consolação. Também fui extrema-

---

[217] Diagnóstico da situação de violência, Distrito Brasilândia, *Projeto São Paulo em Paz, Instituto Sou da Paz*, p. 8.

mente bem recebida neste local, tanto por parte dos sepultadores quanto da administração, que acompanhou todo o trabalho, levando-me aos sepultadores e buscando compreender os objetivos e detalhes da pesquisa. Esse cemitério causou-me maior impacto visual que todos os demais no quesito arte tumular, mesmo quando comparado ao cemitério da Consolação. Pareceu-me ainda mais suntuoso, belo e organizado.

As estadas no cemitério do Araçá foram as mais longas, em comparação a todos os cemitérios. Os sepultadores afirmaram ser cristãos. Foram abertos, contando "causos", que envolviam suas vidas pessoais, inclusive. Um deles é chamado de "coveiro-filósofo", por conta de falar idiomas, como inglês e alemão e estar cursando faculdade de filosofia. De fato, esse sepultador mostrou-se bastante diferente dos outros, do ponto de vista do desenvolvimento de suas ideias, da articulação da fala, como veremos detalhes no quarto capítulo. Nossa conversa girou em torno da dimensão filosófica da morte, da capacidade do sujeito de lidar com essa angústia existencial, da razão que fica tentando entender a causa de morrermos... Além da conversa, ele mostrou-me cantos específicos do cemitério, fez reflexões sobre problemas sociais e costumes, como as visitas frequentes dos góticos, o desrespeito às sepulturas...

**Cemitério da Lapa**

O cemitério da Lapa, o quarto visitado, apresentou-me uma realidade marcante, do ponto de vista emocional. Logo de início, um sepultador confundiu-me com alguém da Imprensa, que poderia estar recolhendo informações sigilosas de modo "infiltrado". Ele relatou um caso em que uma jornalista fora ao cemitério, sem se identificar, perguntando sobre venda de ossos. O sepultador respondera que lá não se praticava tal ato, ilegal, diga-se. Ela insistiu, construindo uma suposição de que, caso vendessem, quanto seria. O sepultador, de modo ingênuo, segundo relato, acaba por falar um preço que já "ouvira por aí". O caso foi publicado na mídia e esse sepultador foi exonerado do cargo.

Apesar dessa impressão inicial, foi o local de campo em que me senti melhor, mesmo quando comparado às recepções do Araçá e do Consolação. A ideia de paz, citada no outro cemitério, esteve totalmente presente durante minhas visitas e nas falas dos sepultadores, que também afirmaram gostar da profissão. O tom que marcou esses encontros foi o respeito com a morte. Os sepultadores entrevistados, cristãos, insistiram no respeito à dor da família, ao seu papel de alegrar aqueles que sofrem pela perda, de silenciar perante o mistério da morte, com ética.

A forma como os sepultadores foram elencados para a entrevista também me pareceu mais "profissional" e cuidadosa, pois o administrador explicou-me o tempo que cada qual ocupava na função e optou pelos mais antigos da casa, que poderiam melhor refletir em sua fala o que de fato ocorria no cemitério. De fato, os sepultadores mostraram-se esclarecidos, lúcidos. Declararam-se cristãos. Em um dos dias de visita, acompanhei um enterro, com poucas pessoas, que foi tocante.

### Cemitério da Vila Mariana

Este foi o único cemitério cuja administradora era do sexo feminino. Em uma de minhas visitas a esse cemitério presenciei um grande velório, que fica num local bem próximo das sepulturas, separados apenas por um túnel extenso e uma rua. Ao andar por esse túnel, atrás de informações e de encontrar-me com a administradora, senti medo, por conta de o local ser antigo, com partes sujas e escuras. Caminhei muito, pois cada qual informava-me uma direção diferente. O impacto da quantidade enorme de pessoas no velório, após a saída do túnel, também foi marcante.

Depois de aproximadamente uma hora e meia consegui localizar a administradora, que embora tenha sido receptiva, mostrou pressa. Encaminhou-me aos sepultadores e pediu desculpas pela falta de tempo. Os sepultadores, por sua vez, também se mostraram inquietos e me perguntaram acerca da necessidade de fazer a entrevista naquele dia. Decidi, então, voltar em um outro momento, agendado novamente com a Assessoria de Imprensa. Desta vez, a administradora mostrou-se mais amigável, mas os sepultadores mantiveram uma enorme resistência à entrevista, alegando excesso de trabalho.

Apesar da resistência e do pouco tempo, as entrevistas foram produtivas. Os sepultadores declararam-se católicos e um deles contou-me um sonho, descrito e discutido no próximo capítulo.

## 3.5 – Reflexões conclusivas do capítulo

Este capítulo aproxima-se mais claramente de nosso objeto, formando concepções importantes, como os imaginários de matrizes de pensamento brasileiras, que fazem parte da concepção dos sepultadores estudados.

No imaginário indígena, a morte aparece como um desequilíbrio ao grupo social, que deve ser reparado através das práticas rituais. E à família do morto é permitido o enlutamento, como um sinal de respeito ao momento desarmônico enfrentado por ela. Nesse sentido, pode-se perceber como a importância do ritual fúnebre demarca a força transformadora que a morte ocupa e já assinala o medo que os vivos possuem da mesma.

Esse medo é a mola propulsora da religiosidade. Como no universo cristão, as desgraças e catástrofes colocam o povo brasileiro a se adaptar e a se posicionar, temendo a força maior que nos cerca. Nesse cenário, o medo da morte traz outros medos secundários, como o de assombração, o da punição de Deus, fazendo o povo unir-se aos aliados possíveis (santos, anjos, orixás, magia) para se proteger.

Podemos compreender os relatos, como cordéis e outros presentes na cultura popular em relação à morte, também como manuais, que ensinariam à população como agir de modo moralmente mais elevado.

A importância do culto aos antepassados, na herança africana, aponta para o foco no resguardo à memória do morto. E nos leva ao espaço dos cemitérios, em que essas memórias são guardadas, cultuadas e carinhosamente atualizadas. Após observar mais friamente alguns dados, talvez tivesse sido importante ter incluído nas pesquisas o cemitério da Vila Formosa, o maior da América Latina, por conta de sua fama e tamanho. Entretanto, dentro dos dados que obtivemos, o que nos importa ter em mente são os contrastes entre, principalmente, os cemitérios da Consolação e da Vila Nova Cachoeirinha. No primeiro, são enterradas, em maioria, pessoas idosas, de morte natural; no segundo, jovens assassinados. As condições de trabalho são diametralmente opostas, segundo relatos e observações. Da mesma forma, a paisagem é marcadamente distinta.

No que toca os relatos dos sujeitos de pesquisa, aprofundaremo-nos nesse tópico no próximo capítulo, mas já podemos perceber que a matriz religiosa que impera entre os sepultadores é a cristã.

# 4

# Imaginário do sepultador: relatos, causos e sonhos

## 4.1 – O sepultador diante de seu papel social: Eu, a morte e o outro

Ao vincularmos o imaginário desenhado nos três primeiros capítulos à realidade dos sepultadores, primeiramente, traremos as reações dos mesmos diante da pesquisa de campo. Dando continuidade, introduziremos o leitor às crenças e sonhos dos sepultadores, estabelecendo associações com o quadro que já temos em mente.

Retomando o conceito defendido por Philippe Ariès[218] acerca da "morte do outro", típica do romantismo do século XIX, trataremos agora da consciência do outro enquanto personagem social; um outro que representa o ser humano em geral, indicando que sua dor pode vir a ser a "minha dor". Norbert Elias[219] acredita que, nas civilizações antigas, o contato com a morte era mais presente; lembra-nos dos espetáculos de suplí-

---

[218] ARIÈS, Philippe. *Sobre a História da Morte no Ocidente*, 2003.
[219] ELIAS, Norbert. *O processo civilizado*, 1993.

cios públicos do século XVI, que geravam prazer a multidões. Nas sociedades modernas, entretanto, a morte é vista como um perigo, é evitada por meio de recursos tecnológicos, médicos, típicos do processo civilizador. Nesse sentido, a identificação com o sofrimento alheio passou a aumentar a percepção da morte na atualidade. É um conceito moderno, portanto, a ética de se compadecer com a dor do outro.

Antes de prosseguir, vale a pena lembrar que a nossa sensibilidade "oficial" em face da dor alheia é relativamente nova. Quase podemos datá-la de Rousseau e de sua tese, sustentada no *Discurso sobre as origens da desigualdade entre os homens* (1754), segundo a qual o primeiro movimento de nosso coração, nosso primeiro sentimento, é a "piedade", que também poderíamos traduzir como "compaixão". Trata-se do sentimento que nos faz sentir, com o outro, a dor que o afeta. Aliás, sentimos isso, diz Rousseau, em relação a qualquer ser vivo: não apenas seres humanos, mas também animais. Mesmo que não conheçamos o outro, a dor que o toca igualmente atinge a nós. [220]

Neste sentido, cabe pensarmos como a compaixão (que vem da origem *pathos* – paixão, emoção, afeto –, ou seja, "afetar-se com") propicia a percepção pessoal da morte, uma conscientização mais viva e intensa do que seria a mesma, a partir da identificação com a dor alheia.

---

[220] RIBEIRO, Renato Janine. "O trote como sintoma: a dor de lidar com a dor alheia", in: *Interface: comunicação, saúde e educação*, p. 156. A obra que o autor cita no trecho é: ROUSSEAU, Jean-Jacques. *Discurso sobre a origem e os fundamentos da desigualdade entre os homens,* 1989.

O espetáculo romântico da morte de outrora é substituído pela vivificação da morte, pela proximidade de consciência que a coletividade moderna traz. Isso é intensificado pelo horror que a violência promove a partir da exposição feita pelos meios de comunicação, ávidos por notícias de impacto. Nesse sentido, os acontecimentos desastrosos são compartilhados socialmente por meio da mídia, que os expõe de modo a promover uma catarse, uma identificação do expectador com a dor alheia. Com a instabilidade do crescimento acelerado das grandes metrópoles, o sentimento de morte torna-se real, e a morte do outro ilustra "minha própria morte".

Com essa presentificação da morte, tornam-se necessários recursos para afastá-la de nossa experiência cotidiana. É notado, pelos grandes autores, que a negação da morte[221] é uma das características marcantes da atitude humana contemporânea frente a esta situação angustiante da finitude. A ideia da morte é rechaçada veementemente pelo homem moderno, uma vez que está na contramão dos avanços civilizatórios, tornando-se um impedimento para a ideia humana onipotente de que podemos "dominar" o mundo com nossa racionalidade.

As atitudes clássicas de negação da morte ancoram-se, segundo Ernest Becker, no sentimento humano de narcisismo e em sua identificação com o heroísmo, que ele considera:

---

[221] Tornou-se ponto comum entre os autores que abordam o tema, a ideia da negação da morte na idade contemporânea. Cf. BECKER, Ernest. *A Negação da Morte*, 2007.

Antes de qualquer coisa, um reflexo do terror da morte. O que mais admiramos é a coragem de enfrentar a morte; damos a esse valor a nossa mais alta e constante adoração; ele nos toca fundo em nossos corações, porque temos dúvida sobre até que ponto nós mesmos seríamos valentes.[222]

A disposição heroica de desafiar a morte eleva à figura de herói, a uma categoria não humana, superior. No fundo, esta admiração do heroísmo explicita uma das bases mais profundas do narcisismo, "um de seus aspectos mais mesquinhos", o de "acharmos que praticamente todos são sacrificáveis, exceto nós mesmos".[223]

O ser humano promove, através do exercício social, de regras e valores, maneiras de convencer a si próprio de sua valorização, de como é fundamental no mundo e de como, portanto, sua existência teria de ser eternizada e sua morte não se justificaria. Um dos mecanismos de lidar com a angústia da consciência de nossa pequenez é, entre tantos outros, preencher nossas vidas com feitos heroicos, com eventos ou números que aparentemente nos elevem ao reconhecimento social. Ernest Becker insiste que precisamos de uma atitude honesta frente à necessidade heroica, exigindo que a cultura nos dê "um sentimento básico de valor humano como contribuintes sem igual para a vida cósmica",[224] sentimento que nos foi surrupiado na sociedade contemporânea.

---

[222] Ibid., p. 25.
[223] BECKER, Ernest. *A Negação da Morte*, p. 16.
[224] Ibid., p.19.

Em relação aos sentimentos de valorização, autoestima, heroísmo, a morte é vista como um fracasso, como uma praga que não permite florescer a tão sonhada felicidade ao homem. A morte continua sendo estranha, avessa, uma aberração em relação ao potencial expansivo do homem. E, diante da sua força e inevitabilidade, resta-nos apenas calar. É nesse sentido que aparece o silêncio em torno da morte, que caminha paralelamente à atitude de "lançar" a morte para a responsabilidade de terceiros, especialistas na área que, teoricamente, nada têm a ver com o morto e, portanto, não padeceriam das dores inconvenientes do luto e da perda.

Entre esses especialistas em realizar o serviço que a família do morto delega, está o sepultador, que fica com o chamado "serviço sujo": carregar o peso (literal e metafórico) do morto, usar a pá e a enxada – instrumentos associados ao trabalho braçal – e, finalmente, ser invisível à família, não demonstrando nenhum sentimento que possa vir a interferir na dor dos parentes e amigos do morto. Em suma, uma máquina preparada para "limpar" a impressão que a morte causa, enterrando seus resquícios.

Fica explicitada, portanto, a dificuldade do sepultador no momento de atuar em sua profissão, em que é visto não como humano, capaz de sentimentos empáticos com a dor alheia, mas como um robô. No trabalho de campo, claramente pode-se notar um grande esforço entre os sepultadores de não se pensar na morte, de não sentir nada diante da mesma, de não ser tocado por ela, de sequer falar sobre o tema. Para quem lida com a morte mais de perto, o mecanismo de repulsa precisa ser ainda mais eficaz que o da maioria da população.

"Quando a gente sai do cemitério, a gente não pode ficar pensando em morte, se não, não vivemos."[225] Essa frase, proferida por um sepultador do cemitério do Araçá, ilustra a dificuldade que existe entre esses profissionais de abordar essa temática humana. Esta outra, também do Araçá, demonstra que há um claro esforço em se afastar a morte: "A gente tem que ser frio, mas às vezes não tem como. Mas fica complicado se a gente for se emocionar com todos os enterros. Já pensou?". Ou outra, ainda: "Procuro o mínimo possível imaginar minha morte, (...) é preciso viver o momento".

Em outras passagens, entre elas a de um sepultador da Lapa, fica evidente uma negação clara: "Nunca me preocupei com a morte". Como houve essa intensa "rejeição" do tema ao qual este livro se dedica, do próprio sujeito (sepultador) a que estava destinado o estudo, tornou-se parte de minhas questões de entrevistas essa

---

[225] O trabalho de campo foi realizado por meio de entrevistas semidirigidas, dentro dos próprios cemitérios, com dez sepultadores, dois de cada cemitério (Araçá, Consolação, Lapa, Vila Mariana e Vila Nova Cachoeirinha). O conteúdo das entrevistas foi anotado, em cadernos de campo, e nas falas literais foram colocadas aspas, muitas das quais estão sendo transcritas aqui. Obviamente, serão resguardados os nomes e as informações pessoais dos sepultadores, que serão identificados apenas pelo cemitério em que trabalham. Além das entrevistas foi utilizado um breve questionário com dados, como idade, escolaridade, situação familiar (número de filhos, estado civil...). Optou-se por expor os dados de maneira integrada ao texto, de modo discursivo e não por meio de tabelas, já que o trabalho se propõe apresentar uma análise qualitativa do trabalho de campo, envolvendo relatos de situações emocionais e concretas, relatos de sonhos, situações que geraram medo e angústia, a visão dos sepultadores sobre a morte, sobre sua condição social e profissional, entre outros. Portanto, os dados não aparecem de modo a obedecer uma lógica sequencial, mas sim são apresentados, de acordo com o desenvolvimento das ideias do capítulo.

dificuldade dos sepultadores de abordar o tema. Passei a perguntar a eles mesmos se de fato esse tema era incômodo. As respostas, sempre na mesma linha, indicam claro desconforto: "Não vejo, não escuto. Achava que estava 'frio' para a morte. Mas, quando minha irmã morreu, eu vi que não estou" (Araçá). A afirmação parece mostrar que o sepultador sentiu-se surpreendido pela vida, diante da morte da irmã. Apesar do esforço em afastar a morte na atividade profissional, o fato ocorrido em seu "território" pessoal traz de volta o ser humano atrás da máscara de sepultador. A morte da irmã o chama para sua realidade humana, na qual a emoção é parte fundamental. Estar "frio" para a morte do outro aparece apenas como um artifício, uma necessidade profissional, que mascara a angústia diante da possibilidade do fim.

Neste sentido, uma expressão de um sepultador do Cemitério Vila Mariana mostra que "a gente tem que se acostumar com a própria morte". "Acostumar" muitas vezes indica tornar usual, banal, a ponto de não mais afetar. Entretanto, esse "estado de choque permanente", essa letargia, parecem não conseguir eliminar os resquícios do impacto.

Apesar dessas declarações envolvendo uma necessidade de afastamento do tema, os próprios sepultadores não gostam de serem vistos como pessoas "frias" em relação à morte. Da mesma forma, acusam que existe um claro preconceito quando se pronuncia a palavra "coveiro",[226] exigindo serem reconhecidos como "sepultadores". "Ser discriminado é uma coisa que acon-

---

[226] Devo deixar uma nota, como pesquisadora, alertando para uma falha minha. Inicialmente, ao chegar ao campo de estudo, dirigi-me aos sepultadores, chamando-os de "coveiros". Aos poucos, fui sendo alertada de que este termo é considerado pejorativo entre a classe.

tece. 'Coveiro' é uma palavra forte, já logo se trata de morte, muita gente olha e repara. 'Sepultador' é um termo mais leve" (frase de um sepultador do cemitério da Consolação).

A ideia presente em "coveiro é uma palavra forte, já logo se trata de morte" é que os sepultadores são identificados com os elementos de sua profissão, tidos como sujos, fétidos, repugnantes. Isso lhes confere um reconhecimento social desprestigiado, como se a profissão fosse sempre motivo de vergonha, como é a morte em nossa sociedade.

Um outro sepultador, do cemitério da Lapa, afirmou que: "coveiro é uma palavra pesada; "sepultador" assenta mais na profissão". Outros, já menos sutis, reivindicam um reconhecimento da sua qualidade de ser humano, como consequência da mudança de termos. "Há uma depreciação dos coveiros. O termo é pejorativo, está ligado a 'frio e indiferente', como se coveiro não sentisse e fosse desumano" (Cemitério do Araçá). Um sepultador do Cemitério Vila Nova Cachoeirinha conclui, de modo um pouco agressivo e sarcástico: "Coveiro planta couve. Nós somos sepultadores".

*Todos* os sepultadores entrevistados afirmaram sentir algum tipo de preconceito, relacionado primeiramente ao termo "coveiro", depois à profissão. Esse sepultador do Cemitério Vila Nova Cachoeirinha mostra sua indignação quando afirma: "Tem gente que diz: 'Nossa, sua mão está limpa, parabéns'. Ou 'Toma aí o dinheiro para você tomar pinga'... É isso que pensam da gente".

Esta última afirmação mostra a que categoria moral da sociedade os sepultadores são lançados e também toca em um ponto importante quando tratamos dessa classe de pessoas: o alcoolismo. O presente estudo não se propôs a verificar o índice de alcoolismo entre os sepultadores, mas, do trabalho de campo saltou aos olhos esta temática, a qual não se pode deixar de abordar brevemente neste livro.

Dittmar[227] afirma em seu trabalho que os sepultadores podem vir a apresentar um nível superior de problemas de saúde que a maioria de outros trabalhadores. Além de doenças decorrentes diretamente do contato com o morto, com a terra, com a sujeira, como infecções e outras enfermidades, o sepultador também parece apresentar mais risco de desenvolver doenças de caráter psicológico, como dependências químicas e depressão.

Isso nos remete novamente à necessidade de afastar a realidade que a morte imprime. Os danos psicológicos ou os mecanismos utilizados para permanecer aparentemente intacto frente a uma situação constantemente perturbadora – o contato com a morte – mostram-se consequências do esforço contínuo do sepultador em digerir a experiência cotidiana de sua profissão.

Nesse sentido, um sepultador do Cemitério da Lapa generaliza: "Todo cemitério tem problema com bebida". Outro, também de forma generalizante, expõe um número baseado em sua intuição: "80% do meu pessoal (os sepultadores do Cemitério Vila Nova Cachoeirinha) são alcoólatras ou já foram".

Obviamente, não foram checados esses números, nem se sabe ao certo se o uso excessivo de álcool é um dado real que pode ser vinculado aos sepultadores. Apenas se deixa aqui a ponte para posteriores estudos que visem investigar mais profundamente essa problemática, já que o tema encontra eco no conhecimento popular e também encontrou espaço neste trabalho.

---

[227] DITTMAR, W. H. *Um estudo sobre a prevalência de distúrbios psiquiátricos entre os sepultadores do serviço funerário do município de São Paulo*, 1991.

Esta questão mostrou ser mais intensa no Cemitério da Vila Nova Cachoeirinha, no qual há menos recursos e está localizado em uma área periférica e violenta de São Paulo. Como já observado, neste cemitério também há mais assassinatos de jovens. Podemos pensar, portanto, que o alcoolismo está vinculado não somente às mazelas da profissão de sepultador, mas a um conjunto de fatores, entre eles o entorno sócio-econômico--cultural do sepultador.

O mesmo profissional, do Cemitério Vila Nova Cachoeirinha, diz: "Muitos sepultadores já vêm com o vício. Outros adquirem aqui, pois abrir o caixão e depois almoçar é cruel. Aí, eles compram uma droga para aguentar". Essa frase ilustra com maestria (uma infeliz maestria) o mal-estar da profissão, que são necessários meios de escape, mecanismos de fuga, e, como tais, as drogas ocupam um papel significativo.

Finalmente conclui a esse respeito que "o servidor público já é tachado como vagabundo e bêbado, se a gente fica dando motivo, então, fica difícil", enfatizando novamente o preconceito e o desprestígio da classe, mas reconhecendo limitações suas e de seus próprios companheiros.

Além dessa ligação com o álcool, o trabalho do sepultador pressupõe outros elementos complexos, envolvendo problemas de saúde, como os casos abaixo, dos dois entrevistados do Cemitério do Araçá:

"Às vezes, temos que enterrar um caixão anormal, de pessoas obesas. Fiquei com problema no nervo ciático."

"Nossa profissão é perigosa. Lidamos com baratas, escorpiões, lacraias, cobras, sapos; lidamos com sujeira, doenças, não é agradável."

"Tem cadáveres muito pesados. Não podemos errar. Se errarmos, podemos quebrar uma espinha e morrer."

Estes relatos nos levam ao dia-a-dia do trabalho de sepultador, lembrando que acima de ser uma profissão como qualquer outra, esta é "perigosa", pois pode envolver contaminação, problemas de coluna, no nervo ciático (como bem apontado), além dos problemas com álcool e outros transtornos psiquiátricos e psicológicos citados.

Tais dificuldades tornam-se acentuadas, na medida em que "não dão condição de trabalho para os funcionários. Sem ferramenta, pá, luva", como afirma um trabalhador do Vila Nova Cachoeirinha. E outro (Araçá) confirma: "Não temos os equipamentos necessários".

Um sepultador toca em um outro assunto delicado acerca de sua profissão: "Já fui ameaçado com uma arma para mudar o horário de um enterro" (Vila Nova Cachoeirinha). Ele ainda acrescenta: "Para o sepultador é perigoso; alguns já foram assassinados".

Esse aspecto somente apareceu nesse cemitério, lembrando-nos da condição socioeconômica do local. Apesar disso, é importante perguntar: o que difere o sepultador de qualquer outro trabalhador da região? Todos correriam o mesmo perigo? Na fala desse homem fica um alerta, como se os sepultadores estivessem mais vulneráveis a este tipo de ataque.

É interessante pensar que a perda de alguém nos deixa frágeis, muitas vezes, perturbados, até, e o mediador entre nós e o morto no momento do enterro é o sepultador. É ele que frequenta os dois mundos, é ele que fala pelo morto, que toca o morto, que se liga a ele de alguma forma. Se analisarmos por este prisma psicológico, talvez o sepultador esteja mais exposto ao perigo que os demais profissionais. Não somente aos assassinatos, mas sujeito a outros ataques, como é o caso deste sepultador, do cemitério do Araçá: "Já levei soco na cara, 'cusparada', ofensa e impropério".

Neste sentido, alguns afirmam que: "A família quer descontar mágoa e raiva aqui no cemitério" (Vila Nova Cachoeirinha). O cemitério é o local de despedida, de intermediação entre aquele que foi e os que ficaram. Parece ser um mecanismo bastante natural esta identificação do sepultador com a morte, por isso, este profissional vê-se diante de um ataque, ao invés de um acolhimento.

Alguns parecem compreender este mecanismo das famílias do morto: "Um colega meu já foi desrespeitado; um homem foi grosso, agressivo. Mas temos que entender a dor do outro, a reação da família" (Lapa). Na mesma direção, outro sepultador aceita: "A gente trabalha com os sentimentos das pessoas" (Consolação).

Receber ofensas e agressões não é algo simples de lidar, mesmo compreendendo a dor alheia, mesmo sabendo que estão envolvidos "os sentimentos", área tão irracional e humana. Ainda sim, é difícil.

Um sepultador da Lapa utiliza um recurso criativo para desfazer esse nó emocional. Ele se coloca como um profissional, cuja função é trazer bons sentimentos para a família do morto. "Temos que procurar conversar, desvirtuar. A família tem que voltar mais alegre, mais leve, depois do enterro. Nossa função é tornar a família mais alegre." Ele ainda acrescenta: "Nós (os sepultadores) temos que preparar tudo para deixar a família tranquila. Temos que fazer silêncio, respeitar a dor".

Esta posição parece ser compartilhada por um colega seu, do mesmo cemitério: "Temos que controlar para não ter conflito, temos que evitar confusão. Respeitar a dor da família, né? Eu me oriento para ficar em silêncio". A questão do silêncio surge como uma metáfora extremamente completa. Diante da morte, só calar.

O silêncio é tema importante da mística teológica cristã e nos remete ao choque, ao atordoamento diante da presença do sagrado. Lembra-nos, também, a renomada e pomposa expressão de Otto:[228] *mysterium tremendum et fascinans*, cuja ambivalência do sagrado se mostra, provocando temor e fascínio, medo e respeito.

Da mesma forma, a morte está profundamente marcada pelo sagrado e, portanto, seu impacto é ambivalente como o mistério fascinante e tremendo de Otto. O silêncio é uma resposta a este impacto; para muitos, a única resposta possível. Em última instância, o silêncio traduz-se em respeito pela dor, pelo mistério, pela dimensão infinita e humana da morte.

Neste sentido, um sepultador (Consolação) afirmou que "a profissão é gratificante", alegando a grandiosidade de seu papel, já que ele faz parte de um "evento" profundo e misterioso.

Um sepultador do Cemitério do Araçá disse: "Coveiro não pode morrer, pois quem vai enterrar?" Esta frase, metafórica e ironicamente, ilustra o peso do papel assumido por estes profissionais. Novamente deve ser ressaltada a perda da condição humana, afinal "coveiro não pode morrer"! Por outro lado, pode-se observar também o sentimento de heroísmo, ou seja, "nós (os sepultadores)

---

[228] OTTO, Rudolf. *O Sagrado*, 1992.

temos um papel tão digno diante da morte, que nos diferenciamos dos demais seres humanos e não podemos morrer". Neste sentido, Ernest Becker possivelmente apontaria a honestidade do sepultador em assumir sua condição especial perante a morte.

Outra impressão que se pode tirar desta afirmação é que o serviço realizado pelos sepultadores não poderia ser feito por mais ninguém. É como se a morte estivesse grudada neles, a eles cabem suas mazelas.

Já as frases seguintes, de um sepultador do Cemitério do Araçá e de outro do Vila Nova Cachoeirinha, respectivamente, aproximam-se do aspecto humano, devolvendo aos "coveiros" o direito de morrer como qualquer um e de ter preservados elementos de sua identidade no momento da morte: "Minha gaveta está reservada lá no Cachoeirinha" e "Quero ser enterrado com o short do Palmeiras".

Um dos sepultadores entrevistados, do cemitério do Araçá, destacou-se por características muito peculiares. Ele já havia aparecido na mídia – inclusive, foi através de uma de suas entrevistas ao jornal *O Estado de São Paulo* que despertei para algumas questões. Ele foi chamado pelo jornal de "coveiro filósofo", em função de estar cursando graduação em Filosofia. Além disso, este sepultador fala alemão e inglês, tem o sonho de morar fora do país e já foi competidor de xadrez. Realmente, seu discurso mostrou-se um pouco mais burilado em termos intelectuais que de seus colegas. Cito duas de suas inúmeras frases interessantes, em relação à morte:

> "A preparação para a morte é importante, saber que vai morrer é importante. Mas é preciso saber da minha capacidade de cognição. A minha razão dá conta disso? A razão quer dar conta de tudo, até da morte, mas cai em ilusão, pois fica procurando a causa, a causa, a causa."

"Só posso falar daquilo que sei. Aquilo que não sei é um postulado. A morte é um postulado. Não está ao alcance do entendimento."

Esse sepultador levanta a questão da morte não poder ser "digerida" pela capacidade humana racional e lógica, especialmente se pensarmos na lógica ocidental, de causa e efeito. A morte, nesse cenário, parece incoerente, irracional, acausal, inútil, sem fundamentos e absurda, como traz a imagem que o entrevistado, gentil e espontaneamente, deixou em meu caderno de anotações de campo, depois de aproximadamente duas horas de conversa:

Mensagem escrita pelo sepultador [229]

"Sair atrapalhado", "dançar de anáguas", "escapar do consumismo" e "bater com as fuças na quina do absurdo"... Imagens que parecem representar o bailado do ser humano na vida: atrapalhado e igualmente belo, puro e cadenciado, como

---

[229] "Saindo meio atrapalhado como quem dança de anáguas que os dedos do consumismo não puderam alcançar bateu com as fuças na quina do absurdo. With afeto." Há um borrão branco na imagem cobrindo a assinatura do sepultador.

o dançar de anáguas. Talvez essa pureza nos proteja do grande vilão da história: o consumismo, mas não evita o encontro final das fuças com a quina do absurdo, a inevitável: morte.

Essa imagem bela, da vida como uma dança atrapalhada, a fugir das tentações e pecados – representados pelo consumismo – nos leva a bater as fuças na quina de algo que não conhecemos e que nos parece ilógico, irreal, não representável: *o absurdo, a morte.*

Para finalizar, "with afeto", apresenta-nos uma lembrança de que embora "os dedos do consumismo não puderam alcançar" (o personagem), alguns mecanismos da globalização e da mistura de conhecimentos universais permanecem, como utilizar um idioma diferente da origem do resto da narrativa.

E, apesar da inevitabilidade de se "bater com as fuças na quina do absurdo", resta-nos a possibilidade de fazê-lo "with afeto". O poema nos dá a alternativa de uma morte, embora absurda, acolhedora. Fechemos este item, portanto, com afeto.

### 4.2 – O sepultador e sua religiosidade

Novamente, recorreremos às entrevistas fornecidas pelos sepultadores dos cinco cemitérios estudados (Araçá, Consolação, Lapa, Vila Mariana e Vila Nova Cachoeirinha), a fim de compor seu universo religioso.

Neste ponto do texto, retomamos o capítulo terceiro, em que traçamos um esboço sobre o cenário religioso brasileiro. O sepultador, inserido nesse contexto, em sua maioria de origem nordestina, reflete as transformações e permanências de elementos religiosos estudados há pouco. Em sua maioria, apesar das especificidades que citaremos abaixo, os sepultadores estudados têm um discurso marcadamente cristão.

Reflitamos agora brevemente acerca das mudanças do contexto religioso contemporâneo, no que se refere ao Brasil, especificamente. Primeiramente, é notável, nos últimos anos, o aumento do número de Igrejas evangélicas, principalmente as evangélicas pentecostais, e de seus seguidores no Brasil. É sabido, também, que o trânsito religioso mostra-se bastante intenso e que os principais fluxos migratórios podem ser resumidos à perda de "território" da Igreja Católica e aumento dos que se declaram "sem religião".[230]

Para verificar tal dado, além de outras pesquisas na área, basta recorrermos ao Censo 2000, que aponta basicamente três direções principais:

– a diminuição da porcentagem dos que se declaram católicos de 83,8% (1991) para 73,57% (2000);

– o aumento da porcentagem dos que se declaram evangélicos de 9,05% (1991) para 15,41% (2000), sendo destes, 4,09%, pertencentes a núcleos evangélicos de missão, 10,58% a evangélicos de origem pentecostal e 0,75% a outros grupos evangélicos;

– o aumento dos que se declaram "sem religião", que passam de 4,8% da população (1991) para 7,35% (2000).

---

[230] Cf. ALMEIDA, Ronaldo de. "Religião na metrópole paulista", in: *Rev. bras. Ci. Soc.*, 2004.

Apesar da fragilidade destes dados, já que se sabe que a declaração da filiação religiosa é um tema delicado, que nem sempre retrata claramente a realidade, é fato que há transformações no universo de filiação religiosa brasileira. Como coloca Almeida,[231] "os católicos são uma espécie de 'doadores universais', enquanto os 'sem religião' e os pentecostais são os 'receptores universais'."

Em nosso trabalho, esse fluxo parece ser parcialmente verdadeiro, embora não tenhamos dados suficientes para uma análise quantitativa. Mas há uma peculiaridade a ser observada: o alto número dos que se declaram "sem religião" ou em situação indefinida em relação ao aspecto religioso. Analisemos as circunstâncias da pequena amostra (dez sepultadores), que se apresenta da seguinte forma, no que se refere à declaração de filiação religiosa:

- RELIGIÕES EVANGÉLICAS: 3 sepultadores, sendo um filiado à Igreja Presbiteriana (evangélica de missão), um à Congregação Cristã do Brasil (origem pentecostal) e outro tendo apenas se declarado evangélico.
- CATÓLICOS: 3 sepultadores, sendo um declarado não praticante.
- SEM RELIGIÃO OU COM SITUAÇÃO RELIGIOSA INDEFINIDA: 4 sepultadores. Abaixo, suas declarações:

> "Fui batizado na Católica, mas hoje não tenho religião. A religião hoje virou comércio. A Bíblia que nos dá conforto. Eu só acredito em Deus. Se todo mundo amasse o próximo, deixaria de existir a violência" (Cemitério da Consolação).

---

[231] Ibid.

"Eu era da Assembleia de Deus. Depois, desviei, e não sei bem. Acredito em Deus e na ressurreição" (Cemitério da Consolação).

"Procuro ir à Igreja para ficar bem, rezar. Mas não tenho religião, não. Deus é um só. Em todo mundo cada um tem uma forma" (Cemitério da Vila Nova Cachoeirinha).

"Não tenho religião" (Cemitério da Lapa)

Mesmo entre os sepultadores de situação religiosa indefinida, o discurso e o vínculo com a religiosidade cristã permanecem, como se pode observar pelas afirmações acima. Nas três primeiras afirmações, a religiosidade parece permanecer de modo independente ao discurso sobre religião. Ou seja, o vínculo com uma instância sagrada parece continuar ocupando um papel na vida destes sepultadores, o que não fica explicitado na última frase, da Lapa.

A primeira fala do sepultador do cemitério da Consolação aponta inicialmente para a questão da "perda de território" da Igreja Católica ou da desfiliação institucional religiosa. O sepultador utiliza elementos e mensagens religiosas a seu modo, como a Bíblia, a fim de compor sua própria crença, em um arranjo pessoal e autônomo, que aponta Deus como o principal ator, bastante diferenciado do contexto religioso. Amor e violência são expostos de maneira paradoxal, retomando a pureza da mensagem cristã ou o mito da "terra sem males".[232]

---

[232] TERRIN, Aldo Natale. *Nova Era: a religiosidade do pós-moderno*, p. 15. Ele se refere à Nova Era, que "traz consigo o *revival* de um mundo antigo, recuperando uma sensibilidade espiritual passada, onde sagrado e profano se sobrepunham e onde dominava uma participação mística com a natureza (...) pretende repropor definitivamente este mito: 'a terra sem males'".

Além destes elementos, há uma crítica explícita às transformações das religiões no âmbito contemporâneo: "A religião hoje virou comércio". Neste sentido, observa-se como a cultura popular está em diálogo com fenômenos e experiências da "nova consciência religiosa".[233] Sem nos aprofundarmos, o que se pretende deixar como registro é que a cultura popular modifica-se no contato com essas novas formas de "sentir" e "pensar" a religiosidade, que a princípio foram diagnosticadas pelos teóricos como características da classe média, mas hoje percebe-se que sua extensão vai muito além.

A frase do segundo sepultador mostra a concepção religiosa de um cristão ("Acredito em Deus e na ressurreição") que, no entanto, "desvia-se" da instituição e confessa-se em um momento indefinido. Ao contrário do que apontam as pesquisas de fluxo religioso, este sepultador vem da Assembleia de Deus, portanto, de uma Igreja evangélica, para posicionar-se no grupo dos "sem religião" ou de "situação religiosa indefinida".

A frase do sepultador do cemitério Vila Nova Cachoeirinha também parece conter um discurso "contaminado" pelas concepções "nova-eristas": "Deus é um só, com várias manifestações e formas" e "ir à Igreja de modo independente à prática que lá se propõe". E, finalmente, a última, mais categórica e direta, não permite grandes interpretações. "Não tenho religião" pode significar: "Não me preocupo com isso" ou "Já tive, mas me desiludi", ou ainda: "Não quero falar no assunto", ou simplesmente "Não tenho religião". Ou seja, não podemos cair em um exercí-

---

[233] O termo é de BELLAH, Robert. "A nova consciência religiosa e crise da modernidade", in: CHARLES, Y.; BELLAH, Robert (orgs.). *The new religious consciousness*, 1976.

cio de interpretação subjetiva, que corre o risco de incorrer em erros. Fiquemos apenas com o desprendimento e a convicção de alguém que se declara abertamente "sem religião".

Entre os evangélicos, não foi possível identificar predominância entre as Igrejas, já que o número das de missão e pentecostais equipara-se. Observa-se que não há menção de crenças espíritas, como também é possível observar no censo de 2000 uma porcentagem muito baixa dessas religiões. Neste sentido, é importante ressaltar que:

> O homem do povo, antes de ser portador do catolicismo popular ou do catolicismo internalizado, antes de se identificar como pentecostal ou umbandista, antes de ser um "construtor simbólico do mundo", é um "pobre", um "marginalizado", um "aflito". A aflição e o sofrimento são inseparáveis da vida humana, de toda vida humana. Cada sociedade estabelece e põe a serviço dos indivíduos certas formas sociais úteis como lenitivo, controle, ou superação do sofrimento. São mecanismos coletivos de defesa que o ser humano cria para proteger-se do mal e da dor.[234]

Por isso, cada vez mais o homem se relaciona com a religião através do sentimento. Se suas aflições não forem ouvidas, não encontrarem espaço para se manifestar, não há vínculo institucional religioso que pareça se sustentar.

É com certa autonomia, portanto, que a religiosidade popular se desenrola, e é preciso que o devoto encontre um espaço de diálogo com a instituição religiosa, em que suas angústias sejam ouvidas.

---

[234] VALLE, João Edênio dos Reis. *Psicologia e experiência religiosa*, p. 137.

Além de nos focarmos na filiação religiosa, analisemos agora as crenças, recortadas de suas entrevistas, em momentos não demarcados, em que o sujeito não tem tempo de realizar uma elaboração intelectual que possa vir a "protegê-lo" do entrevistador.

Neste ponto, uma coleção de curiosas frases serão apresentadas, para que façamos exercícios reflexivos, tentando compreender o imaginário dos trabalhadores em torno da morte. Comecemos com dois relatos:

"Eu tenho medo de assombração. Mas isto não existe" (Cemitério da Consolação).

"Fiz o sepultamento e quando fui abaixar, recebi um sopro, meu corpo arrepiou, mas mesmo assim não assombrei, não. Deu para perceber que era uma coisa estranha, porque meu corpo arrepiou" (Cemitério da Lapa).

Esses relatos mostram um mecanismo parecido: "vi, mas não existe", "senti, mas não acredito"... Uma defesa diante de fenômenos "estranhos" vivenciados no cemitério. A ideia de assombração, presente em ambos, remete-nos à figura do "duplo", já descrita no primeiro capítulo, que personifica um "outro eu" apavorante. A crença em espírito ou fantasma é um repertório presente na religiosidade cristã popular, que obviamente encontra eco nos sepultadores, dado seu contexto.

A fala do sepultador da Lapa fica marcada por uma evidência do assombramento: uma manifestação física, o arrepio, que confirma a passagem do espírito por lá. O corpo reage, instintiva e prontamente, a uma "presença" estranha.

Para quase a totalidade do povo brasileiro a morte biológica não equivale ao encerramento da existência do ser humano. Este, de alguma forma, sobrevive a ela. Para tal compreensão concorrem, em dinamicidade, contribuições oriundas das diversas nações indígenas, do Cristianismo e suas raízes judaicas, de antigas tradições do paganismo europeu, das tradições africanas, do Espiritismo. Com várias acentuações, as crenças sobre a realidade da comunicação e interação entre vivos e mortos são muito frequentes. No bojo dessas crenças, encontram-se aquelas que identificam a presença de almas e espíritos vagando em lugares onde ocorreram mortes violentas ou que foram marcados por intenso sofrimento ou, ainda, onde ocorreram sepultamentos.[235]

Maria Angela Vilhena toca em um ponto fundamental: o cemitério, sendo um local de sepultamentos, carrega uma "marca" espiritual, como se fosse um grande reservatório de "presenças" que já foram desta vida e agora pertencem a um outro lugar. O arrepio no corpo, sentido pelo sepultador, mostra este universo não perceptível à primeira vista, mas completamente partilhado em termos de imaginário humano.

Abaixo, a frase de outro sepultador do mesmo cemitério ilustra esta crença de que o ser humano não finda com a morte, mantendo-se no mistério:

"Depois da morte, o espírito deve ir para algum lugar; para onde, eu não sei" (Cemitério da Consolação).

---

[235] VILHENA, Maria Angela. "Os Mortos estão Vivos: traços da religiosidade brasileira", in: *Rever*, 2004.

João José Reis[236] afirma que "uma das formas mais temidas de morte era a morte sem sepultura certa. E o morto sem sepultura era o mais temido dos mortos; pois morrer sem sepultura significava virar alma penada". A assombração estaria ligada, portanto, à forma de morrer, ou à falta de ritualização do morrer, o que nos remete à história de Sísifo, narrada no primeiro capítulo deste estudo, que tenta enganar a morte, solicitando à esposa que não cumprisse seus rituais fúnebres, impossibilitando, desta forma, sua entrada no reino do Hades. Neste evento, o rei Sísifo fica sem "espaço", pois não pertencia ao mundo dos mortos, já que não passara pelos rituais necessários, mas também não poderia retornar ao mundo dos vivos. Zeus, diante de muita insistência, abriu uma exceção para que Sísifo voltasse e repreendesse sua esposa pela falta de rito, mas este, na verdade, burla as regras e volta à vida, o que não evita seu final trágico.

Neste sentido apontado por José Reis, lembramos como nos causa horror pessoas enterradas como indigentes. A morte exige um respeito à identidade do morto, e a ritualização expressa este respeito. Morrer como indigente é vagar sem rumo, sem integrar sua história de vida à passagem da morte.

Uma assombração é muitas vezes vista como um espírito perturbado, que não achou sua paz do lado de lá. E as explicações para esta falta de paz parecem ser numerosas. Morrer sem uma ritualização apropriada, como já apontou José Reis, não ter concluído algo em vida e voltar para solucionar o problema, como acredita a cultura japonesa.[237] Em geral, parece que o espírito não aceita sua condição de morto.

---

[236] REIS, João José. *A morte é uma festa*, p. 171.
[237] *A imagem da morte no Japão*. DVD: PUC/SP

Esta temática foi abordada na "telona" recentemente em um filme de sucesso, "Sexto Sentido",[238] em que um psicólogo infantil abraça o caso de uma criança com muito medo de outras manifestações estranhas. Este psicólogo tenta recuperar-se de um trauma de um paciente que se suicidara em sua frente anos antes. Ao longo do processo terapêutico, o menino conta ao psicólogo que ele vê pessoas mortas, que espíritos o procuram com alguma finalidade, o que o apavora. A trama se desenvolve com o psicólogo auxiliando-o a entender os motivos que levavam os espíritos a procurá-lo, indicando que ele não precisava ter medo. No final, um choque, o psicólogo estava, na verdade, morto, condição que ele próprio desconhecia ou não assumia. Era ele mais um espírito à procura da ajuda do garoto. Neste caso, a ajuda é perceber que não é mais um psicólogo, não possui mais a sua esposa, a sua vida. A principal mensagem é: o morto nega sua condição.

Um sepultador do cemitério da Consolação encerra a angústia do morto sobre sua condição, lembrando-nos de que o espírito deve ser encargo de Deus e não de nós, os homens. A Deus caberia definir o rumo do espírito. Esta visão traz alívio e conforto, pois não se faz necessário reconhecer, perceber, apenas se entregar aos desígnios de Deus.

"Fomos feitos do pó da terra. A carne volta para a terra. E o espírito vivente, que é o que nós respiramos, Deus recolhe, guarda em algum lugar resguardado. Se ele pôs, ele toma conta dos nossos espíritos viventes" (Lapa).

---

[238] *Sexto Sentido*, 1999. Dirigido por M. Night Shyamalan.

A terra e o pó aparecem como elementos ligados à morte, os quais são presença rotineira no cotidiano dos sepultadores. É importante observar que a metáfora da terra surge, já que a principal atividade do sepultador é enterrar ("pôr debaixo da terra"). Neste sentido, a morte fica misturada com a terra, encoberta, escondida pela mesma. Nosso destino passa a ser aquele espaço pequeno, que se liga a toda terra do mundo, misturando os homens aos elementos do ambiente. A metáfora do pó ilustra a que o homem se reduz diante da morte.

Juntamente com essas associações, podemos recordar outra característica da terra: a sujeira. A morte eclode como algo impuro e indiscriminado, em que estão presentes restos. A frase do sepultador do Cemitério da Consolação aponta para o fato de que a morte não requer maiores explicações. Do pó ao pó. Aqui, a morte assume seu caráter finito, e o pó (ou a terra) funciona como pararraios da vida, onde a mesma se descarrega.

Na afirmação, sobressai-se a concepção doutrinária cristã, em que o espírito aparece ligado ao ar, como uma substância invisível, incomensurável, inapreensível, impossível de ser totalmente retida. Como tal, circula por dentro de nosso organismo, sendo parte fundamental da existência. Eis o espírito, um ser sem rosto que nos é vital. Este é guardado por Deus, e passa a figurar em seus domínios. Na mensagem cristã, o espírito santo é representado pela pomba, e refere-se à presença de Deus, experimentada pelos homens, além de exprimir um elemento da Trindade. O sepultador, dono da afirmação, revelou-se "cristão evangélico" na declaração de filiação religiosa, mostrando carregar a mensagem cristã para seu dia-a-dia profissional.

Apesar da proeminência do discurso do papel do espírito, do Além, há alguns sepultadores que afirmam categoricamente que "quando a gente morre é o fim" (Consolação). Outro, do mesmo cemitério, também partilha desta visão, utilizando novamente a metáfora do pó:

"Não existe nada depois da morte. Do pó a gente veio, ao pó retornará" (Consolação).

Um sepultador do cemitério da Vila Nova Cachoeirinha – o mesmo que reagiu, dizendo que "coveiro planta couve" – aponta novamente para as dificuldades socioeconômicas envolvidas na morte da periferia de São Paulo. Ele afirma:

"Antes eu pensava na morte, em para onde vou. Hoje, não. Ninguém voltou para contar (...) Eu não tenho medo dos mortos, tenho medo dos vivos, dos frequentadores do local."

Finalmente, um quarto sepultador mantém esta linha da crença na morte como o fim da existência, embora traga uma peculiaridade na frase que torna sua visão ambígua:

"Depois da morte, não tem nada, é um passamento, uma passagem direta."

Se não há nada depois da morte, como relacioná-la a uma passagem? Uma passagem pressupõe um destino e, portanto, vincula-se a um lugar além. "Uma passagem direta"... para onde, afinal?

Há ainda a crença de que o tipo de rito de morte interfere no andamento do espírito. Um sepultador do cemitério da Vila Mariana conta que quer ser cremado para "não dar trabalho para os outros", e porque "cremou, acabou tudo". O ato de cremar parece reduzir a pó não somente a parte física do morto, mas também a espiritual.

Vamos à seguinte frase, pronunciada também por um sepultador do Cemitério da Consolação:

"A morte só existe por causa do pecado. Antes se pagava o pecado com sacrifícios de animais. Hoje não fazemos mais sacrifícios, então precisamos morrer (...) O salário da morte é o pecado."

O conteúdo dessa frase encontra-se em Romanos 6,23, lembrando-nos da condenação do pecado original, que marca a humanidade com a morte da pureza, da perfeição, a morte espiritual, da qual Jesus vem para nos libertar e redimir. Nesta concepção está inserida uma ideia de punição à humanidade. A morte pune o homem pecador, que não pode mais contar com a expiação através dos sacrifícios de animais. A morte é imbuída de uma feição maléfica, punitiva, aparecendo como uma consequência caprichosa do destino, que nos pune por nossos pecados. "O salário da morte é o pecado", ou seja, o que alimenta a morte é o pecado, o que deu origem à mesma, como apontado no trecho bíblico. Esta ideia sugere que a morte poderia não existir, caso não tivéssemos pecado originalmente. O primeiro pecado, bíblico, condena-nos todos, à morte.

Retomamos Le Goff[239] e a ideia de que o pecado determina a morte, ou ao menos, o local para onde o espírito vai após a mesma. Esta concepção do homem da Baixa Idade

---

[239] LE GOFF, Jacques. *O Homem medieval*, 1989.

Média, propunha que as ações e pensamentos repercutiam na vida pós-morte, estando a ideia de pecado totalmente vinculada a este.

O binômio pecado/punição muitas vezes encontra brechas de indulgência na cultura, como coloca Tomás de Aquino:[240]

> As leis humanas perdoam certos pecados que permanecem impunes por causa da condição imperfeita dos homens, que seriam impedidos de praticar muitas utilidades, se todos os pecados fossem estritamente proibidos e castigados. Assim, a lei humana é indulgente com certas usuras, não porque considere que estejam de acordo com a justiça, mas para não impedir as "utilidades" de um grande número de pessoas.

Tomás de Aquino toca na questão humana, em nossas imperfeições, mas, por outro lado, em nossas utilidades. Retomando a afirmação do sepultador que enxerga a morte como punição, por termos perdido nossa válvula de escape expiatória (sacrifício de animais), como ficariam nossas utilidades humanas nesta concepção? Pecado seria o desvio da conduta ideal, e esta última é nada menos que obrigatória; portanto, nossas utilidades não contam, parecem ser o mínimo que podemos fazer e além de não utilizá-las em sua perfeição, pecamos. Ou seja, merecemos a morte.

No século XIII, "não se corrigia o ser, redimia-se a culpa".[241] Parece-me que o raciocínio deste sepultador estaria ligado diretamente à questão da culpa humana, em sua natureza

---

[240] Apud LE GOFF, Jacques. *A bolsa e a vida*, p. 49.
[241] LE GOFF, Jacques. *O Homem medieval*, p. 66.

pecadora. O ser parece estar a serviço de algo maior e não a serviço de si mesmo.

Em conclusão, Cecília Meireles[242] nos presenteia com uma reflexão:

> Nós merecemos a morte
> porque somos humanos
> e a guerra é feita pelas nossas mãos,
> pela nossa cabeça embrulhada em séculos de sombra,
> por nosso sangue estranho e instável, pelas ordens
> que trazemos por dentro e ficam sem explicação.

## 4.3 – O cemitério e seus causos: Espaço sagrado e profano

Como já apontado no final do segundo e terceiro capítulos, o nascimento dos cemitérios esteve ligado à perda progressiva de poder da Igreja sobre setores sociais, posteriormente controlados pelo Estado, bem como à revolução sanitarista na passagem dos séculos XVIII para o XIX.

Em alguns momentos da história, a morte estava totalmente vinculada a um espaço sagrado. Quanto mais perto dos personagens santos, do solo sagrado, mais próximos de Deus e da salvação estariam os mortos, por isso os enterramentos na Igreja eram tão valorizados.

É importante frisar que, antes da separação Estado/Igreja, os sepultamentos em local sagrado eram vistos como parte da

---

[242] Trecho da poesia *Lamento oficial por seu cavalo morto*, de Cecília Meireles. Em: MEIRELES, Cecília. *Mar Absoluto e outros poemas*, 1983.

condição para se obter a salvação eterna da alma, mas também havia a comodidade de as famílias saberem que a instituição pela qual todos tinham tanto respeito cuidava de seus mortos. E, portanto, a transferência do enterramento nas Igrejas para os cemitérios passou por um longo processo de debate público. Uma das questões primordiais era deslocar o espaço sagrado da Igreja para outro espaço que também pudesse ser visto como sagrado, mantendo, dessa forma, a condição da salvação e do descanso eterno.

A relação que se tem com os cemitérios vem, desde então, sendo reestruturada, dando indícios de dessacralização da morte, já que cada vez mais, na contemporaneidade, cabe ao âmbito privado (família e pessoas íntimas) definir a relação do indivíduo com a morte. Contudo, independentemente do vínculo religioso, é importante perceber que permanece, ainda, em nossa sociedade, a importância de se oferecer um sepultamento "digno" ao morto. É fundamental que o morto tenha uma casa ou ao menos passe por um ritual de separação desta vida com a outra.

O ritual, embora em um contexto laico, denota um respeito a toda uma simbologia da morte. E o cemitério evoca este respeito, guarda-o, conserva-o, sendo um reservatório de experiências emocionais de despedida, de saudades, de luto, de desapego, de aceitação de nossos limites. O que se destaca entre os relatos que colhi, detalhados no correr do texto, é o sentimento do carinho, quase uma presença viva nos cemitérios. Como um espaço de memória social, mas principalmente de memória afetiva, de histórias pessoais que se cruzam em determinados momentos, o cemitério é marcado pelo carinho dos vínculos de afeto entre os que vão e os que ficam.

Neste sentido, o cemitério pode ser considerado um espaço sagrado, já que se destaca do espaço profano, por conta da conotação espiritual envolvida na morte. Mircea Eliade[243] afirma que "todo espaço sagrado implica uma hierofania, uma irrupção do sagrado, que tem por efeito destacar um território do meio cósmico circundante e fazê-lo qualitativamente diferente".

O cemitério, sem dúvida, sobressai-se "qualitativamente" em relação ao mundo externo. No dicionário,[244] um de seus sinônimos é "campo-santo", remetendo-nos diretamente ao caráter religioso e sagrado. A "última morada" é também um espaço marcado ritualisticamente, em que alguns não entram, e onde outros arrepiam-se, por conta dos "causos" estranhos que o circundam.

Essa diferenciação de espaços, demarcada pelos muros sepulcrais, confere ao cemitério o *status* de solo sagrado, indubitavelmente. Entretanto, neste terreno santo ocorrem eventos bastante dissonantes de um conteúdo imaginado sacro.

Um sepultador do Araçá afirma: "o cemitério é separado da vida lá de fora, é um lugar sem lei". Ele aponta que muitas pessoas têm atitudes dentro do cemitério que jamais teriam fora deste espaço. Cita orgias sexuais, jovens que bebem e banham-se, nus. O fato de perceber o cemitério como "separado da vida de fora" e "um lugar sem lei" indica que realmente há uma diferenciação no uso do espaço. Internamente aos cemitérios, imperam outras regras morais, sociais, culturais; afinal, que mal há ficar nu entre os mortos?

---

[243] ELIADE, Mircea. *O sagrado e o profano*, p. 31.
[244] *Novo Dicionário Aurélio da Língua Portuguesa*, 2ª. edição, 1986, p. 379.

Estar entre os mortos parece uma libertação do mundo de cá. Este mesmo sepultador afirma que "o cemitério desperta curiosidade", por isso atrai tantos "góticos", pessoas vestidas de modo estranho, bizarro, diferente... Em geral, os sepultadores não lidam bem com estas visitas repentinas – ao menos foi o que a pesquisa de campo apontou. Apenas dois sepultadores mostraram bom-humor ao relatar a vinda dos góticos aos cemitérios. Já outros concluem: "Os góticos enchem o saco, quebram as coisas, bagunçam" (Vila Mariana). Isso indica que o comportamento de algumas pessoas pode ser encarado como uma invasão e um desrespeito a um território que "pertence" aos sepultadores.

O espaço funerário é cercado, bem delimitado, murado, gradeado, as normas definem até a altura dos muros e das grades, sempre bem superiores à estatura média de um indivíduo, de forma a desestimular a sua transposição. São cuidadosamente repartidos, com ruas, quadras e outros processos comuns a de uma cidade. O cemitério reproduz na sua topografia a sociedade global, como um mapa reproduz um relevo ou paisagem. Todos estão reunidos no mesmo recinto, mas, cada um no seu lugar, a família real, os nobres, os eclesiásticos, em seguida duas ou três categorias de distinção conforme o nascimento, ilustração e praticamente a riqueza, já que os lugares estão à venda, e enfim os pobres. O cemitério é, portanto, uma pequena cidade de pedra, como casas encostadas umas às outras. Sua primeira finalidade é representar um resumo simbólico da sociedade.[245]

---

[245] Ariès, Philippe. *Sobre a História da Morte no Ocidente*, p. 570.

Ainda do Araçá, um outro sepultador declara que "o cemitério é uma cidade. As ruas estão relacionadas a acontecimentos específicos, a uma morte específica", retomando a organização espacial do cemitério. Tem sido usado por arqueólogos o estudo de práticas funerárias "para entender organização sociopolítica, partindo-se da premissa de que as relações sociais estão reproduzidas nos rituais envolvidos na disposição dos mortos".[246]

Como nos lembra Maria Angela Vilhena,[247] "toda a sociedade, quer de vivos ou de mortos, é sempre hierárquica" e, portanto, também nos cemitérios há regiões mais e outras menos nobres, em termos de arquitetura de sepultura, de grandiosidade das lápides, de destaque artístico.

Durante minhas visitas aos cemitérios, estas distinções ficaram explícitas, principalmente nos grandes, importantes e bem localizados cemitérios, como o da Consolação e do Araçá. Os mausoléus destacam a importância das famílias e encobrem os cantos mais sujos e menos luxuosos do cemitério. O que impressionou foi que até o cheiro destes locais de enterramentos menos nobres era mais desagradável. Como se houvesse uma licença para poluirmos o espaço dos mortos "menos importantes".

Apesar de a maioria dos sepultadores ter reconhecido que procurou o concurso para a profissão em decorrência de necessidade financeira, praticamente todos os entrevistados trouxeram imagens positivas do cemitério, que aparece como um local de "ar livre, paz e repouso, um lugar bom" (Consolação); como um "lugar para acalmar as pessoas" (Lapa); que "dá a sensação

---

[246] Investigando gênero e organização social no espaço ritual e funerário marajoara, *XII Congresso da Sociedade de Arqueologia Brasileira*, 2003.
[247] VILHENA, Maria Angela. "Os Mortos estão Vivos: traços da religiosidade brasileira", in: *Rever*, 2004.

de liberdade" (Araçá). Alguns sentem-se protegidos dentro do cemitério, afirmando que lá "tem sossego, paz" e concluindo: "a rua é que é o terror da coisa" (Consolação).

Sendo o cemitério um campo-santo, morada dos mortos, o silêncio – já aqui abordado – parece ser um componente vital deste "sossego e paz". O silêncio, para além do respeito e do fascínio diante do mistério da morte, também pode conotar indícios de uma ritualização "moderna", laica, que aborda a morte de modo incômodo e distante.

O culto aos mortos caracteriza-se por seu caráter individual, ou seja, os devotos não interagem, evitam troca de olhares, não conversam entre si, não formam comunidade. Nos velarios prevalece o silêncio, neles não acontecem orações coletivas, cânticos ou prédicas. Tudo se passa como se as paredes negras, o fogo das velas, o trato com os mortos fossem impeditivos para relações entre os vivos. Concorre também para essa apropriação individual de um espaço de culto coletivo o fato de que os devotos lá estão para buscar soluções para problemas pessoais ou para satisfazer individualmente suas obrigações para com as almas. Dessa forma, os velários e o culto aos mortos se situam no intervalo entre o particular e o público, entre o privado e o coletivo.[248]

---

[248] VILHENA, Maria Angela. "Os Mortos estão Vivos: traços da religiosidade brasileira", in: *Rever*, 2004. A autora se refere aos velários da Capela Nossa Senhora dos Aflitos e da Igreja Santa Cruz das Almas dos Enforcados, em que há "salas destinadas exclusivamente a rituais de iluminação dos caminhos ou das consciências de almas ou espíritos (conforme a denominação preferida por alguns devotos). Na Capela Nossa Senhora dos Aflitos há, desde sua fundação, um velário lateral com entrada independente e, atualmente, separado do corpo da igreja. Já nos Enforcados são dois velários com entradas independentes, mas conectados à igreja".

Eis um ponto interessante de ser abordado no cemitério: pelo caráter de dignidade que o ritual funerário confere à identidade do morto, em algumas situações, os familiares podem sentir-se "obrigados" a prestar-lhe uma homenagem, mas estes momentos não deixam de ser "espaços" importantes em que o indivíduo conecta-se a um componente espiritual.

A questão do privado e coletivo, em que toca Maria Angela, também parece expressar a relação do homem contemporâneo com qualquer área que toca o religioso. Há um diálogo entre as necessidades individuais e privadas e os apelos que o social comunitário impõe a este indivíduo. Na morte esta relação fica bastante evidente, uma vez que as obrigações com a alma que partiu são de toda espécie: social, financeira, mas, principalmente, moral.

A título de exemplificação do peso das relações entre o privado e o coletivo, um sepultador (Cemitério da Vila Mariana) narra a seguinte história:

> "Teve um senhor que deixou o carro estacionado, entrou aqui no cemitério, sentou em cima do túmulo da família e deu um tiro na cabeça. Se matou, aqui no cemitério."

Os sepultadores acabam por participar deste universo de significados particulares das pessoas, já que a morte deixa uma marca social. O túmulo da família é um patrimônio coletivo, a que todos temos acesso, e isto mistura-se às dores do senhor que se mata; dores do âmbito privado.

Entrando agora especificamente em outros "causos" dos cemitérios estudados, cito uma narrativa de um sepultador do cemitério da Consolação que se orgulha de seu feito:

Uma vez, veio para cá um corpo do interior do Paraná. Achamos estranho, pois ele estava encoberto em um manto. Tivemos curiosidade de abrir, mas o homem que acompanhava não deixou. Três anos depois, na exumação, descobrimos que era um saco de areia. Informamos às pessoas certas e descobrimos que o cara tinha dado um golpe no seguro de vida. Eu já tinha desconfiado e depois participei da prisão do cara. Para a senhora ver como a vida opera, este falsário foi pego aqui em São Paulo, bem perto do cemitério, ele estava morando aqui.

Os atos de sepultar e exumar associam-se aos movimentos de encobrir e revelar. A morte, o caixão, o cadáver, o cemitério, referem-se a um "submundo" social, um "lugar sem lei", como afirmara o sepultador. Ora, não parece ser um cenário bastante apropriado para um crime? Enterrou, acabou, "Inês é morta", como diz o ditado. Entretanto, lá está a incômoda exumação, que traz à tona o "serviço" feito.

Um assunto bastante abordado entre os sepultadores foi o enterro de "anjinhos", ou seja, de crianças, considerado pela maioria deles o pior serviço do cemitério.

Há um campo específico de estudos relacionando a criança e a morte,[249] referindo-se ao nível de compreensão infantil acerca dos atributos da morte (irreversibilidade, universalidade, entre outros); outros apontando as dificuldades envolvidas em casos de crianças terminais, já que, na infância, a morte reveste-se de uma crueldade exacerbada.

---

[249] TORRES, Wilma da Costa. *A criança diante da morte*, 1999. RAIMBAULT, G. *A criança e a morte*, 1979.

As maiores dificuldades envolvidas parecem recair sobre os adultos próximos, ou que acompanham o processo de morte da criança. Ao nos depararmos com esta situação, parece ativar dentro de nós o "arquétipo de curador",[250] afinal qualquer adulto passa a ser uma referência de apoio àquela criança doente. Não parece ser diferente no cemitério; os sepultadores, sem estarem diretamente ligados à criança, acabam por fazer parte daquele processo de luto, em que todos gostariam de ter a cura ou a solução nas mãos.

Quando uma criança morre, fica uma impressão de falha, algo que não foi concluído no andamento natural da vida. A falha é de quem fica, que não pode proteger a vida de um pequeno. Com a morte de uma criança, morre-se um pedaço do futuro de todos nós.

Aqui no Consolação, fazemos muito enterro de idosos. São pessoas que já viveram, já cumpriram sua missão. O enterro de crianças é triste, pois elas ainda tinham muito para viver.

Abaixo, temos alguns exemplos de mortes de crianças, tema abordado por todos os entrevistados. O que se destaca nestes relatos é o aspecto emocional envolvido; alguns sepultadores choraram durante as entrevistas, lembrando-se dos casos.

"O que me marcou foi uma família de japoneses. O filho de três anos caiu na piscina e morreu afogado. Foi uma tragédia" (Lapa).

---

[250] Cf. GROESBECK, C. J. "A Imagem Arquetípica do Médico Ferido", in: *Junguiana*, 1983. O arquétipo do curador refere-se ao potencial curativo que há em todos nós, ativado diante de situações específicas da relação doença/saúde.

"O mais difícil foi o enterro de uma criança de mais ou menos cinco, seis anos. Ela tinha medo do escuro, então a mãe pediu para deixar o caixão meio aberto, para não ficar tudo escuro lá dentro. Mas nós não podíamos deixar aberto. Isto foi muito triste" (Consolação).

"Já enterrei criança natimorta. Chorei" (Vila Mariana).

"Teve o choro de uma senhora chinesa, que perdeu a filha. Depois do enterro, todo mundo foi embora, só ficou ela. Não sabíamos o que fazer; o choro era doído, sabe?" (Araçá).

Mesmo quando não se trata de uma criança, mas de uma pessoa muito jovem, este sentimento aflora com exacerbação. Um sepultador (Araçá) lembra:

"Quando enterrei uma moça de dezessete anos, eu senti a emoção tomar conta."

Há também os casos em que não morre a criança, mas os pais. Neste sentido, restam os sentimentos de abandono e desamparo, em olhar àquela que perde precocemente seus maiores apoios.

"Estávamos com o caixão para sepultar. A mãe ia ser enterrada. Colocaram o caixão para ser olhado pela última vez. Surge uma menina, por volta de quatro, cinco anos e fala: 'tchau, mãe'. Trancou todo mundo. Teve um coveiro, amigo meu, que saiu correndo, chorando" (Araçá).

"Antes de sepultar um cadáver, a filha falou: 'moço, fala para o meu pai levantar. Ele está com a camisa de futebol'" (Araçá).

Portanto, pode-se perceber a forte carga emocional vivenciada na profissão do sepultador. As experiências do cemitério trazem a estes profissionais a possibilidade de vivenciar situações que se referem às vidas de outrem. Os sepultadores, independentemente de sua vontade, "entram" na intimidade das famílias, partilhando conteúdos marcantes e tornam-se cúmplices de sua dor e experiência.

Para finalizar, é importante lembrar que o cemitério é, além de um espaço de dor, também um espaço de saudade, carinho, memória, ternura, aconchego, identidade, que contém elementos como velas, flores, imagens de santos, fotos de famílias e de entes queridos, dizeres carinhosos... Todos esses elementos se articulam a cada enterro, a cada visita a um túmulo, a cada vivência dentro do cemitério, presenciada parcial ou integralmente pelos sepultadores.

### 4.4 – O inconsciente simbolizando a morte: Alguns sonhos e relatos

"Ele está sonhando agora", disse Tweedledee. "E com que você pensa que ele está sonhando?"

"Ninguém pode adivinhar uma coisa dessas", observou Alice.

"Ora, ora, é com você!", exclamou Tweedledee, batendo palmas, triunfantemente. "E se ele deixasse de sonhar com você, onde é que você acha que estaria?"

"Aqui, no mesmo lugar, é claro", disse Alice.

"Nada disso!", replicou Tweedledee com desdém. "Você não estaria em lugar nenhum. Pois você é apenas uma espécie de imagem no sonho dele!" "Se o Rei acordasse", acrescentou Tweedledum, "você se apagaria – puff! – como a chama de uma vela!"

"É mentira!", exclamou Alice indignada. "Além disso, se eu sou apenas uma espécie de imagem no sonho dele, o que é que vocês são, hein? Gostaria de saber."

"Idem", disse Tweedledum.

"Idem, idem!", gritou Tweedledee. Ele gritou tão alto que Alice não pode deixar de rir.

"Psiu! Tenho medo que você o acorde com tanto barulho."

"Ora vamos, como você pode falar em acordá-lo", redarguiu Tweedledum, "se você é apenas um dos objetos aparecendo no sonho dele. Você sabe muito bem que não é real".

"Claro que sim, claro que sou real!", protestou Alice, começando a chorar.

"Não é chorando que você vai se tornar mais real", observou Tweedledee; "não há motivo para chorar".

"Se eu não fosse real", disse Alice – meio rindo por entre as lágrimas, de tanto que aquilo era ridículo - "eu não seria capaz de chorar".

"Espero que você não tome isso que cai de seus olhos como lágrimas de verdade", disse Tweedledum num tom do mais perfeito desprezo.

Lewis Carrol. *Alice no País das Maravilhas; Através do Espelho.*

O trecho nos coloca a refletir sobre as instâncias do real dentro de nós. Os sonhos e suas imagens, na medida em que assumem atitudes, formas e características autônomas em relação à nossa vontade, passam a compor personagens, que existem por si só. Como na literatura, no universo onírico, os personagens dialogam com o real, não deixando, entretanto, de fazer parte do universo da ficção.

Alice é extremamente real em alguns níveis: tem história, identidade, medos, ambições, fragilidades; ela é tão ou mais real que um sujeito histórico, de relevância social, como Dom Pedro II. Tão ou mais, na medida em que ela está mais ou menos presente em minha história particular. Falando em primeira pessoa, para mim, Clarissa, a autora, Dom Pedro II é fictício, um personagem que, como tantos outros, compõem a narrativa fantástica da formação do Brasil. Ouço dizer que Dom Pedro II foi real e os historiadores insistem em elencar fatos que comprovariam sua existência. No entanto, ele é tão personagem quanto Alice no meu universo psíquico particular. Tão personagem e tão real, ao mesmo tempo.

O que nos interessa, nesse sentido, é que os personagens e situações dos sonhos têm vida autônoma. Às vezes, sonhamos com uma pessoa que conhecemos, mas apesar de sabermos que é ela, no sonho, essa pessoa aparece de modo totalmente diferente, dizendo coisas e agindo de modos que jamais fariam parte de sua personalidade em vida. Isso mostra a força dos sonhos, que parecem movimentar uma área autônoma, inconsciente, mas extremamente poderosa da psique.

Um dos objetos iniciais deste estudo era a compreensão dos sonhos dos sepultadores. Ao longo da pesquisa de campo, no entanto, os sonhos tornaram-se um elemento de apoio à pesquisa, não sendo mais a fonte única ou principal de estudo. Isto, em decorrência do método utilizado e das dificuldades advindas do próprio campo, já que os sepultadores mostraram-se muito mais resistentes à pesquisa que poderíamos imaginar, e também outros elementos passaram a se destacar como fundamentais ao objetivo central da dissertação – o de compreender o imaginário em torno da morte. Estes novos elementos são as narrativas dos sepultadores sobre a morte, suas crenças, sobre casos do cemitério, que enriqueceram o trabalho na questão do imaginário, deixando os sonhos como um elemento a mais, entre os outros.

Quanto ao método, desde o princípio nos propusemos a estudar os sonhos dos sepultadores de modo a não relacionar elementos presentes nestes às suas histórias de vida, pelo menos não profundamente, já que nossa pesquisa não entraria neste campo de análise. Obviamente, alguns elementos da história de vida serão articulados, mas estritamente aqueles relatados na entrevista. Neste sentido, o material que temos será colocado ao lado das narrativas dos sepultadores, como mais um instrumento para a compreensão do imaginário dos sujeitos.

Devemos ter em mente, portanto, que o presente trabalho não se propõe a analisar questões particulares dos sepultadores, que envolveriam complexos psicológicos, por exemplo. Utilizaremos seus sonhos como elementos de referência acerca do imaginário em torno da morte, levando-se em consideração que sua atuação profissional lida com esta temática com uma frequência mais alta que a maioria dos outros setores profissionais.

Em primeiro lugar, cabe definir o modo de abordagem dos sonhos por parte da autora. Os sonhos serão abordados como uma linguagem do inconsciente, em diálogo com as atividades conscientes do sepultador, através de imagens e símbolos. Segundo Jung,[251]

---

[251] JUNG, Carl Gustav; VON FRANZ, Marie-Louise. *O Homem e seus Símbolos*, p. 23.

toda experiência contém um número indefinido de fatores desconhecidos, sem considerar o fato de que toda realidade concreta sempre tem alguns aspectos que ignoramos (...) Há ainda certos acontecimentos de que não tomamos consciência. Permanecem, por assim dizer, abaixo do limiar da consciência.

Sabe-se, portanto, que registramos de inúmeras formas os acontecimentos que não são totalmente decodificados pela consciência, e que nós, os seres humanos, temos a capacidade de isolar estes registros, suprimindo temporariamente um ou mais aspectos da psique. Esta capacidade é uma conquista do "sujeito civilizado e racional"; por outro lado, fica evidente a precariedade deste mecanismo em alguns sentidos. Por exemplo, se pensarmos no controle das emoções: "útil", em muitos momentos, "empobrecedor" e "vão" em outros. "Empobrecedor", porque a riqueza das emoções perde-se nas necessidades de padrões da consciência, mas principalmente "vão", porque as emoções existem e permanecem dentro de nós, independentemente de nossas escolhas, o que pode parecer assustador.

Neste sentido, "como é de conhecimento geral, não podemos manipular os sonhos; eles são, por assim dizer, a voz da natureza dentro de nós. Eles nos mostram, portanto, a maneira pela qual a natureza, por seu intermédio, nos prepara para a morte".[252]

É importante lembrar que existe uma meta no desenvolvimento psíquico, proposta por Jung: a individuação. Os sonhos estão a serviço desta meta, que é atingida através da in-

---

[252] VON FRANZ, Marie-Louise. *Os sonhos e a morte*, p. 9.

tegração da psique de elementos conscientes e inconscientes, os conhecidos "polos psíquicos" (sombra, persona; ego, self; animus, anima...).

Diferentemente de Freud, o pai da Psicologia Analítica propõe que os sonhos não são apenas expressões de um desejo reprimido, contêm uma linguagem rica e fluida do inconsciente, que visa elaborar os conteúdos vivenciados de alguma forma, integrando-os à consciência.

Pesquisadores mais recentes[253] têm acrescentado às ideias dos grandes estudiosos sobre sonhos, alguns elementos que considerei útil neste estudo. Propõe-se uma investigação um pouco mais apurada acerca da ação do sonho, do cenário, das pessoas, objetos ou animais envolvidos, e dos sentimentos. Também se deve investigar o contexto do sonhador, como sua situação socioeconômica, profissional, crenças... Estes últimos dados já foram levantados com a própria pesquisa.

Em conclusão, uma frase de Jung ilustra o método de trabalho no qual se pretende ancorar neste estudo:

> Só um material que é parte clara e visível de um sonho pode ser utilizado para sua interpretação. O sonho tem seus próprios limites. Sua própria forma específica nos mostra o que a ele pertence e o que dele se afasta (...) Trabalho em redor da imagem do sonho e desprezo qualquer tentativa do sonhador para dela escapar.[254]

---

[253] Cf. DELANEY, Gayle. *O livro de ouro dos sonhos*, 2001.
[254] JUNG, Carl Gustav; VON FRANZ, Marie-Louise. *O Homem e seus Símbolos*, p. 29.

Este método consiste na "associação direta", que circunda as imagens do sonho, não permitindo divagações, ou associações que se distanciem destas, como seria possível em um método de associação livre.[255] Jorge Luis Borges nos brinda com uma bela citação, ilustrando como o sonho nos oferece todos os elementos necessários para a compreensão e vivência do ato:

> Se o ato de sonhar fosse uma espécie de criação dramática, resultaria que o sonho é o mais antigo dos gêneros literários e até mesmo anterior à humanidade, porque – como lembra um poeta latino – os animais também sonham. E viria a ser um fato de índole dramática como uma peça na qual a gente é autor, ator e o edifício também – é o teatro. Vou dizer que de noite somos todos dramaturgos de algum modo.[256]

Na dramaturgia noturna não é incomum nos transportarmos à experiência de morte, especialmente quando passamos por uma vivência desperta que nos levanta esse tema. Como aponta Therezinha Moreira Leite,[257] "como os **restos diurnos** se prestam à formação de sonhos, estes proveem **restos noturnos** para a continuidade da elaboração psíquica e da realização do dia-a-dia".[258]

---

[255] Associação Livre é um método utilizado por Freud, que consiste em "provocar" associações no paciente, em que uma ideia, objeto, imagem, ou palavra leva à outra, que conduz a uma terceira, formando uma rede que finaliza-se na descoberta e compreensão de um complexo psicológico.
[256] BORGES, Jorge Luis. *Borges em diálogo*, p. 117.
[257] LEITE, Therezinha Moreira. "A perspectiva de tempo no sonho", in: *Cienc. Cult.*, p. 29-30.
[258] Frisos da autora do artigo.

Muitos textos trabalham a relação entre os sonhos e a morte, e a maior parte destes baseia-se em relatos e sonhos de pacientes terminais ou de pessoas cujo estado físico os aproxima arquetipicamente da vivência de morte, como os trabalhos de Marie-Louise Von Franz e Anielá Jafé,[259] entre outros.[260] Além do conhecimento que nos trazem os sonhos de doentes terminais, também podemos relacionar os sonhos com a morte de modo iniciático. Como aponta Mircea Eliade, uma das formas de um xamã ser reconhecido e eleito como um sábio por seu povo é através de premonições recebidas nos sonhos. Em geral, essas premonições pressupõem "exercícios de morte", já que se referem a um renascimento de uma identidade antiga para uma nova.

Na mitologia grega, como já apontamos no primeiro capítulo, morte (Thanatos) é irmã do sono (Hypnos) e filha da noite (Nix). Simbolicamente, portanto, a morte pertence ao reino escuro, sombrio e desconhecido da noite e do sono, que são como "pequenas mortes" do dia e de seu potencial de vitalidade.

Associar morte aos sonhos não é tarefa recente, como se pode ver. Ambos pertencem ao mesmo mundo: do silêncio, da escuridão e do descanso, em suma, o mundo do sono e da noite, no qual ocorrem mistérios que a luz do dia não pode tornar visíveis.

---

[259] VON FRANZ, Marie-Louise. *Os sonhos e a morte*, 1990; FREY-ROHN, Liliane; JAFFÉ, Aniela; VON FRANZ, Marie-Louise. *A morte à luz da Psicologia*, 1999.
[260] ELIAS, Ana Catarina Tavares de Araújo. *Programa de treinamento sobre intervenção terapêutica relaxamento, imagens mentais e espiritualidade (RIME) para ressignificar a dor espiritual pacientes terminais*, 2005.

Sabe-se desde há muito, que alguns doentes esquizofrênicos que sofrem crises agudas ou estados psicóticos crônicos descrevem experiências profundas de natureza religiosa ou mística. Estas descrições apresentam algumas semelhanças com as que se encontram na literatura escatológica.[261]

Para ilustrar a intersecção desses elementos, nada melhor que a arte, como forma de manifestação do inconsciente. O cineasta Leon Hirszman preparou uma trilogia de filmes chamada *Imagens do inconsciente,* em que faz uma discussão da vida e de obras de pintores e pacientes psiquiátricos que estão no Museu de Imagens do Inconsciente, entre eles Carlos Pertius (1916-1977), que dá base para o terceiro filme *A barca do Sol,* tratando da trajetória do paciente/artista para a morte. Elementos como dia/noite, morte/vida estão deliciosamente expressos na pintura e na nota de Nise da Silveira sobre a mesma.

---

[261] GROF, Christina; GROF, Stanislav. *Além da Morte,* p. 22-23.

A barca do sol [262]

Talvez prenunciando sua própria morte, o paciente narra e pinta seus sentimentos sombrios acerca do que virá. A barca do sol, travessia para a morte, o conduz a monstros terríveis, obstáculos internos que deve vencer para chegar a seu renascimento, a seu descanso de paz no pós-morte. "A face do sol é serena e triste"; ele que deveria resplandecer, iluminar, brilhar, encantar, aquieta-se diante da morte. Lembremos da "morte

---

[262] In: Silveira, Nise da. *Imagens do inconsciente*, p. 314. "A face do sol é serena e triste. Ele vai navegar na noite e lutar contra monstros que incessantemente se esforçam por impedir seu renascimento. Esta pintura está datada de 2 de dezembro de 1976. Carlos morreu a 21 de março de 1977."
A barca do sol é uma imagem recorrente em mitos, tal como na mitologia egípcia, na qual ela conduz ao reino dos céus, pertencente a Rá, o Deus-Sol. Ver também: Frayze-Pereira, João A.; Da Silveira, Nise: "Imagens do inconsciente entre psicologia, arte e política", in: *Estud. av.*, 2003.

no leito" e da imagem de serenidade com que o moribundo a enfrentava em dado período da Idade Média. A tristeza refere-se ao reconhecimento do fim da jornada, do sentimento, talvez, de incompletude humana.

Apesar das dificuldades, metade dos sujeitos de pesquisa contou algum relato de sonho, mesmo que de forma breve e sem tanto detalhes. Por estarem em seu local e horário de trabalho, talvez a abordagem não se deu do modo mais adequado e confortável do ponto de vista psicológico, para que os relatos fluíssem. Ainda assim, temos muitos elementos para analisar. Trabalhando no nível simbólico da morte, estejamos abertos a "ouvir" alguns sonhos, poucos, que o campo de pesquisa nos reservou. Inicialmente, descrevo o sonho de um sepultador do cemitério da Lapa.

"Sonhei com minha própria morte. Eu morri, todo mundo chorava e rezava. Eu via todo mundo em volta de meu caixão. Eu tentava dizer que estava vivo. 'Gente, eu tô aqui'. Mas não conseguia."

Além do relato, foi perguntado qual foi a sensação presente no sonho. "Angústia", respondeu o sepultador. Outro elemento que ele acrescentou foi o fato do local em que estava sendo velado não ser conhecido.

A agonia da morte [263]

O sonho desse sepultador reflete alguns dos grandes medos em torno da morte, a começar pelo medo de ser enterrado vivo, mostrado na sua fala. Philippe Ariès[264] afirma que por volta dos séculos XVII e XVIII esta era uma preocupação constante, em vista de erros médicos, ou da chamada morte aparente, decorrente de sinais que indicavam equivocadamente a morte.

Assim como o vivo pode ter medo de ser tido como morto, a lógica pode ser invertida, apenas como exercício hipotético. Este relato pode trazer indícios de uma "experiência espiritual", em que o espírito ainda não se percebe morto. Quando ele diz: "Eu morri. Todo mundo rezava e chorava",

---

[263] MUNCH, Edvard. Coleção de Viena.
[264] ARIÉS, Philippe. *Sobre a História da Morte no Ocidente*, 2003.

assume que está na condição de morto e, portanto, não pode mais estar vivo. Neste sentido é que se pode falar em experiência do espírito, a parte que não morre em nós e que pode enxergar os dois universos.

O sepultador coloca-se em seu sonho no papel de sepultado, o que lhe permite um exercício extremamente angustiante, mas não menos interessante, do ponto de vista psicológico. A troca de papéis possibilita ao sepultador vivenciar a sensação daqueles a quem sepulta. Ver-se morto, com a impressão de que ainda se está vivo, a despeito da impressão de todo o resto das pessoas, parece atormentador.

Esta "dificuldade" de percepção do espírito sobre seu estado de morto é relatada em algumas religiões, entre elas o Kardecismo, que assume um estágio de transição, em que o espírito ainda não se acostumou com sua nova "morada".

A despeito de o sonho mostrar o sepultador no lugar de sepultado e trazer a angústia da troca de papéis, a "comunidade" familiar do sepultador estava lá. Isto, ao contrário, não o conforta, dada a impossibilidade de comunicação, intensificando o sentimento solitário.

Este sepultador declarou-se como "sem religião", mas é importante notar que no sonho "todo mundo chorava e rezava". A parte religiosa está obviamente presente.

Mesmo trabalhando em cemitérios, o ambiente não era de um cemitério ou velório conhecido, o que nos aponta indícios de que, diante da morte do sepultador, suas referências tornam-se estranhas, não mais familiares. Neste sentido, a "minha morte" não é como a "morte do outro", "daqueles a quem enterro".

Em resumo: o sonho deste sepultador mostra uma morte solitária, angustiante, em um ambiente estranho, em que não se consegue fazer-se ouvir, não se consegue mais se comunicar com as pessoas conhecidas e de confiança. E, além de tudo, apesar de afirmar no sonho que ele morreu, não parece se sentir morto, já que tenta avisar as pessoas de que as estava vendo, de que estava lá.

O relato de um sepultador do cemitério da Consolação mostra que pensar ou elaborar algo sobre a própria morte não é tão distante assim.

> Já imaginei minha própria morte. Mas quero viver bastante, sempre procuro fazer amizade com todo mundo, respeitar o próximo. O amanhã você não conhece. Se parássemos para pensar sobre o que é a vida, tinha pouca violência. A vida é a única coisa que temos.

Imediatamente após confessar que já imaginou a própria morte, o sepultador desvia o assunto, quase que em tom de afastamento de mau-agouro: "Mas quero viver bastante". Há nesta frase uma valorização da vida, por alguém que já se pôs no lugar de seus sepultados.

Passemos agora a um outro sonho, do sepultador em seu próprio lugar:

> "Nós íamos fazendo um sepultamento, levando um caixão. De repente, a mulher levanta do caixão. Ela saiu correndo e gritando atrás de mim. Fiquei com muito medo" (Cemitério da Vila Mariana).

O Grito [265]

Neste caso, o sepultador está em um ambiente conhecido, seu local de trabalho. Novamente, utiliza-se a ideia de que o morto pode estar vivo, ou ao menos pode agir como se estivesse. A mulher levanta-se e passa de defunto à assombração, exercendo um poder que um cadáver jamais teria.

Este sepultador declarou-se católico, o que nos remete ao imaginário cristão popular, descrito acima, em que a continuidade da existência do ser humano é crença corrente.

É interessante observar que a entidade espiritual sai do caixão e passa a assombrar o sepultador. Ela poderia ter feito inúmeras ações, mas o persegue, provocando medo. É como se o espírito da mulher vingasse sua morte naquele que a enterrou.

---

[265] MUNCH, Edvard. 1893.

Neste relato pode-se inferir, portanto, um sentimento de responsabilidade, como se o sepultador concretizasse a morte das pessoas, com o ato de enterrar seus corpos, sendo parcialmente responsável por sua morte.

A perseguição também pode indicar um movimento aleatório, que começa sem motivo. Como se trata de um mundo desconhecido – o mundo dos mortos – o sepultador perde momentaneamente a consciência de seus poderes enquanto vivo e põe-se a correr e fugir de um morto. Note que seu relato começa com: "Nós íamos fazendo um sepultamento...", no plural, portanto, havia mais pessoas com ele, conhecidas, a quem ele poderia ter recorrido, imaginando o sonho como uma situação real.

Abaixo, o terceiro sonho:

"Fiquei sonhando umas quatro noites com o cara enforcado quase em cima de mim, como se estivesse pendurado no meu quarto. É um cara que se enforcou na frente da filha de quatro anos. Tive muita raiva dele" (Cemitério do Araçá).

Diferentemente dos dois primeiros, este sonho tem um vínculo claro com um evento ocorrido na realidade do sepultador, que narra que fez o sepultamento deste homem, sabendo do suicídio. "Essas coisas correm, dona", disse ele, como que se justificando pelo fato de saber do ocorrido com o morto. Também afirmou que viu a menina de quatro anos no enterro e teve uma sensação muito ruim. A impressão e o impacto emocional causados pela imagem do suicídio do homem na frente de sua filha trouxeram o sonho.

Este sepultador declarou-se membro da Igreja Presbiteriana e também confessou um sentimento: "raiva", que fez com que o conectasse à experiência vivida. A raiva atualizou e intensificou a imagem do enforcado, que o visitou em cima de sua cama, em seu ambiente privado, íntimo, durante "umas" quatro noites. O enforcado invade seu quarto, seu sono e sua tranquilidade. A profissão expõe o sepultador a seus medos e às suas limitações em relação à morte e à vida. Este sepultador, em especial, parece ter esbarrado em limites éticos: no direito de tirar a vida, no fato de ter feito isso na frente da filha...

Reflitamos sobre a morte do enforcado, que se suicida na frente da filha. Essa imagem é recorrente no imaginário popular, desde tempos remotos. Há um arcano das cartas do tarô que se chama "O Enforcado",[266] de número XII. Seu simbolismo está ligado a um momento em que a pessoa está estagnada, com bloqueios do destino à sua ação. É uma carta de dificuldade, de maus presságios, que indica que a única saída possível ao homem é a reflexão e a paciência. Essa imagem sem perspectivas, de inatividade, bloqueios e mau agouro, é o reflexo do suicida – aquele que não vê mais saídas e opções.

O suicídio é um tipo de morte que sempre causou diversos tipos de reação e ao qual se atribuem inúmeros motivos; o que não se pode deixar de citar é a tentativa heroica de se morrer por uma causa "maior", deixando uma mensagem a quem fica. Uma reação comum historicamente ao suicídio é a da aclamação pública, em situações de punição por crimes contra o Estado, ou mesmo o repúdio.

---

[266] O tarô está sendo utilizado como uma referência arquetípica, um dos elementos que compõem o imaginário. As cartas do tarô foram popularizadas na Idade Média.

Quanto à evolução do conceito de suicídio na Europa, as sociedades foram atribuindo uma maior carga negativa à morte autoinfligida, encarada como um modo nefasto de falecer, uma vez que o desfecho do percurso existencial deveria ocorrer com suavidade. Afirmava-se que tirar a própria vida era desrespeitar a autoridade da Igreja ou violar as leis da morte; e nenhum mortal deveria poder arrogar-se o direito de tomar a decisão de morrer pelas suas próprias mãos.[267]

Além da afronta aos desígnios de Deus, o suicídio também foi visto na Idade Média como uma morte covarde, ligada a tentações diabólicas, provocando nos parentes do suicida a sensação de constrangimento. Na era romântica, por sua vez, ganhou conotações heroicas. E, finalmente, na idade contemporânea, o suicídio passou a ser reconhecido como consequência de uma natureza patológica, relativo a perturbações psiquiátricas.

Na sociedade brasileira, o suicídio é considerado uma "morte matada",[268] caminhando ao lado de assassinato, homicídio, envenenamento, acidentes dolosos e outros crimes que envolvem morte e diferenciando-se da "morte morrida", decorrente de processos naturais, como doença, velhice, catástrofes naturais, acidentes sem dolo.

O fato de estar entre as "mortes matadas" coloca o suicídio no campo do crime e da contravenção às leis naturais da vida, e, por tal motivo, justifica-se a raiva do sepultador em relação ao pai da menina. É a raiva contra um assassino, frágil,

---

[267] FERREIRA, Izabel Maria da Cunha. *A morte em quatro narrativas brasileiras da segunda metade do século XX*, p. 13.
[268] Cf. RODRIGUES, José Carlos. *O tabu da morte*, 1983.

que, diante de obstáculos, faz uma escolha que desequilibra a ordem de Deus e deixa uma criança solitária.

Portanto, a raiva do sepultador nos fala sobre a raiva de todos nós, do fato de sermos imperfeitos e de "não darmos conta do recado" em muitos momentos. Essa raiva mostra como o sepultador é colocado frente às suas angústias, sem possibilidade de sublimação, uma vez que o fato chega a ele de modo marcadamente presente. A diferença entre um sepultador e um outro profissional é que o primeiro recebe um impacto psicológico "cru" desse tipo de morte, um impacto não atenuado pelas defesas psicológicas humanas.

Quarto sonho:

> "Sonhei que estava fazendo uma exumação. Senti nojo, tinha que suportar, não podia fugir da realidade" (Cemitério do Araçá).

Novamente, o ambiente é conhecido, segundo seu relato, tratando-se, portanto, de algo familiar. Exumação é uma atividade que pertence à prática profissional dos sepultadores, embora muitos deles tenham apontado a mesma como a "pior parte do serviço". A exumação é o desenterramento, é trazer à mostra o que estava escondido, para fins de averiguação do corpo.

"O pior é desenterrar alguém", afirma um sepultador do Cemitério da Vila Nova Cachoeirinha, e outro, da Consolação, diz: "O mais difícil é mexer com terra (...) No começo, o mais difícil era a exumação. Eu achava que alguma coisa ia mexer". Nesta afirmação, está presente o medo e o imaginário de que ao ser desenterrado, o morto pode mexer-se. Portanto, a exumação é uma prática que desagrada aos sepultadores por seus elementos de sujeira: terra, cheiro, ossos, e por outro lado pelo imaginário de que "não se deve mexer com o que está lá quietinho" (mesmo sepultador).

Compreendendo, portanto, a dificuldade envolvida na exumação, voltemos ao sonho do Araçá. Aqui, ressalta-se a sensação de nojo, e a parte final de seu relato: "tinha que suportar, não podia fugir da realidade", nos leva à percepção de um embate entre o ideal e o impossível: "a fuga", e o horror e a inevitabilidade do real. "Horror e inevitabilidade." De quem nos lembramos? Dela, a morte. Este sonho mostra nada menos que o embate do sepultador com a morte. Há uma ideia de fuga, mas logo a realidade se impõe, mostrando-se imperativa; não há como fugir.

A tarefa – exumação – é uma necessidade profissional, não há como escolher entre realizá-la ou não. É neste sentido que o sepultador não tem saída. Ele vê-se obrigado a realizar uma tarefa quase insuportável, que causa nojo. Desenterrar o morto e ver os "bichos" que dali saem. Este parece ser o contato mais estranho: desenterrar a morte, revê-la, depois algum tempo, cumprimentá-la, ver sua "cara".

"Sempre sonho que estou fazendo enterro" (Consolação).

Mais uma mostra de que o inconsciente simboliza, a seu modo, nossas experiências cotidianas e que não se pode controlar ou manipular esta representação. Este sepultador afirma que acha "estranho" sonhar com isso, diz que gostaria de "não pensar no assunto", "nem se lembrar de enterro". Fica explicitado o mal-estar emocional em lidar com a temática. Neste momento, ele se recorda de uma situação difícil vivenciada no cemitério e se emociona ao relatá-la, mais uma vez tocando no assunto do enterro dos anjinhos.

"O mais difícil é enterrar uma pessoa que tem filho. Teve um enterro, em que a criança chorava muito e dizia: 'não enterra meu pai'. (O sepultador se emociona, contando.) Quando a gente vê isto tem que mudar o pensamento" (Consolação).

"Mudar o pensamento." Uma saída de esquiva ao chamado doloroso da morte. Outros sepultadores também mostraram sua tentativa de afastar o assunto.

"Quem sonha é quem fica pensando nisto. Quando a gente sai do cemitério, não pode ficar pensando, não" (Lapa).

Caso contrário, pode-se ficar como este outro sepultador, também da Lapa, que interrompe a entrevista com o colega, dizendo:

"No começo, eu ficava várias noites sem dormir, assustado, atormentado."

E, voltando ao início, quando as falas dos sepultadores afirmam que eles se acostumaram a essa realidade, depois de algum tempo no cemitério, ao que parece, nos sonhos desses profissionais fica explicitada uma relação indigesta com a morte. Os sonhos refletem elementos de angústia, desconforto, medo e raiva e indicam representações "pesadas" da morte. É como se toda a negação visível fosse lançada ao inconsciente. É como se fosse dos sepultadores a responsabilidade por elaborar os conteúdos de morte, que a sociedade lança mão. Por isso, os sepultadores parecem carregar um fardo social e psicológico. Daí a hipótese de apresentarem uma exacerbação de sentimentos em relação à morte.

## 4.5 – Reflexões conclusivas do capítulo

> Apenas um anjo negro entreabriu seus lábios,
> ver dadeiramente como um botão de rosa.
> "Death"
> DEATH?
> Por que me falas nesse idioma? perguntei-lhe,
> sonhando.
> Em qualquer língua se entende essa palavra.
> Sem qualquer língua.
> O sangue sabe-o.
> Uma inteligência esparsa aprende
> esse convite inadiável.
> Búzios somos, moendo a vida inteira
> essa música incessante.
> Morte, morte.
> Levamos toda a vida morrendo em surdina.
> No trabalho, no amor, acordados, em sonho.
> A vida é a vigilância da morte,
> até que o seu fogo veemente nos consuma
> sem a consumir.
>
> *Cecília Meireles,*
> trecho da poesia *"Reparei que a poeira se misturava às nuvens"*

Apenas para fechamento deste capítulo, lembramos que tanto os elementos do imaginário cristão, quanto do pré-cristão, parecem ser vivenciados nos cemitérios no que tange a questão da morte e dos sepultadores. A importância do funeral para conferir dignidade à identidade do morto, mesmo que num contexto laico e moderno, remete-nos à experiência greco-romana de valorização do ritual como requisito pra uma boa morada depois.

Os temas mais recorrentes, como pudemos observar, tocam a religiosidade e a cultura popular: assombração, Além, silêncio, as dicotomias: sagrado/profano, público/privado... Mas há circunstâncias específicas que se referem ao cotidiano do sepultador: a dificuldade de abordar o tema da morte mostra a sua contrapartida inconsciente e simbólica: seus sonhos trabalham para representar esta morte sem cara, silenciosa, da qual não se pode falar. Seus medos e angústias vestem a roupa onírica e falam, no único espaço que possuem para se manifestar.

O que se pode concluir brevemente é que os sepultadores lidam com o impacto grosseiro da morte e funcionam, para a sociedade, como uma espécie de "filtro do sofrimento", cuidando dos pormenores que trazem angústia e mal-estar a todos nós. É como se tentássemos "desumanizar" os sepultadores, entendendo que os horrores relativos à morte podem ser mais bem enfrentados por pessoas como eles, vistas como frias e intocáveis.

Por estarem próximos da morte, cotidianamente, a sociedade tende a identificar os sepultadores como "agentes da morte", que fariam uma espécie de intermediação entre os seres humanos e a "marvada". São eles os habilitados a negociar com a morte, são os últimos a contatá-la antes da "viagem" ao Além.

Alguns dos recursos dos sepultadores para lidar com esse desconforto e com a projeção social de que eles são representantes dos homens diante da morte foram abordados aqui: abuso de álcool, negação, rejeição em se abordar o tema, desconfiança com a pesquisa, medo de assombração, sonhos com conteúdos pesados, envolvendo sentimentos como angústia, raiva e medo... Esse é o lugar social que possibilitamos aos sepultadores: o lugar daquele que pode engolir e digerir o que não podemos. De que forma e a que preço psicológico, eis algumas questões que evitamos.

## Considerações Finais

O título deste livro, que se manteve desde os primeiros esboços do pré-projeto de pesquisa, aponta para os objetivos iniciais do trabalho: "A cara da morte". Qual seria, afinal, essa "cara"? Podemos, ao término deste livro, afirmar que a morte possui uma "cara"? E se possui, como definir um material tão vasto, que acompanha a humanidade desde sua origem?

Ao longo destas mais de duzentas páginas de reflexão, investigando concepções imaginárias das grandes matrizes de pensamento, e diante do sepultador paulistano, o espaço da conclusão é o que nos cobra a responsabilidade de responder aos questionamentos que motivaram a pesquisa, já que todas as outras páginas incumbiram-se de contribuir cada qual um pouco para tornar esses questionamentos ainda mais complexos.

Após o caminho percorrido, arrisco, sim – em primeira pessoa –, dizer que a morte tem uma "cara". De modo algum me refiro a um retrato estático que pode "vestir" qualquer sociedade em qualquer tempo, como uma máscara. Refiro-me, pois, a um rosto que foi sendo amadurecido, redefinido, que foi envelhecendo com o tempo, com as marcas que o destino e a existência impõem. Mesmo um rosto envelhecido e modificado, com plástica ou não, mantém seus traços que o tornam único, dono de uma personalidade. E é a essa cara que me refiro, a cara arquetípica da morte, senhora de si, cujos conteúdos socioculturais foram sendo registrados em sua expressão, carregando-a de rugas e marcas.

Quero dizer que o rosto estupefato que vislumbrou, em seus primórdios, o mistério no qual a existência humana está mergulhada é o mesmo rosto que enfrentou o barqueiro Caronte, a balança egípcia de Maat, o Juízo Final cristão, os mistérios de Kalunga, as assombrações que insistem em manter o vínculo conosco, com nosso mundo vivo e real. Esse rosto também se deparou com o cheiro da morte, com a sujeira do corpo em decomposição, misturado à terra, muitas vezes. Deparou-se com as flores e jardins, os de aqui e os de outrora, os jardins de cemitério e os Jardins do Éden. Fitou a dor da perda, a importância da memória e da identidade, a fugacidade da existência. O mesmo rosto encontrou-se com a saudade, com a celebração e com o medo do desconhecido. E ei-lo aqui, a encarar o sepultador paulistano, a desafiá-lo a compreender sua natureza não linear. E com que audácia o desafia! Invade seus sonhos, penetra em seu inconsciente, revira suas concepções religiosas e moralistas e questiona-o. "Quem sou eu?" Eis a cara da morte, investigando-se em cada um de nós.

E os sepultadores, ah, estes não podem fugir desse reflexo, dessa imagem estampada dentro e fora de si, em muitos momentos, a cutucá-los, em busca de respostas. E por não terem espaço para fuga, acabam sendo incompreendidos e relegados a um plano subalterno de status social, não somente pela sociedade, que realmente tem dificuldade de enfrentar e se envolver em assuntos angustiantes, mas por eles mesmos, que combatem esse desafio da morte tornando a vida o menos reflexiva possível. Não quero cometer o descuido de afirmá-los alienados ou pouco racionais; explico-me, antes que algum leitor apressado já tome para si essa impressão. Tornar a vida menos reflexiva significa embriagar-se num nível acima da média, como apontado também em outros estudos,[269] significa rejeitar o tema da morte, negando sua importância na vida de cada um deles, através de falas claramente agressivas.

E o inconsciente dos sepultadores, o que vivencia nesse contato com o rosto envelhecido da morte? Ouvimos poucos sonhos e relatos, mas o material recolhido já aponta para a indigestão provocada. Nenhum dos conteúdos dos sonhos dos sepultadores mostrou a clássica imagem da morte que alguns estudos apontam: a imagem do túnel, com sua luz a atrair o personagem para o fim de sua história, liberto de uma existência de sofrimento. Não, ao que foi apresentado nesse estudo, os sepultadores não sonham com túneis e luzes, tampouco com jardins da bem-aventurança, sonham com pessoas que se suicidam, com mortes não naturais, como a de si próprio tentando avisar aos parentes de que ainda pulsava, com assombrações, que morrem, mas não concluem o enredo esperado... Enfim, sonham e sentem uma realidade imaginária da morte repleta de elementos persecutórios e indigestos.

Mas não é natural, perguntariam alguns, os sepultadores sonharem com o universo que lhes é comum, como o cemitério, os fantasmas, os caixões e as pessoas a quem eles enterram? Teoricamente, pelos manuais clássicos de estudos dos sonhos, isso seria, sim, natural e coerente. Mas nem por isso trata-se de uma experiência emocional menos impactante e de menor importância para quem está buscando compreender as facetas e trejeitos de

---

[269] DITTMAR, W. H. *Um estudo sobre a prevalência de distúrbios psiquiátricos entre os sepultadores do serviço funerário do município de São Paulo*, 1991.

um rosto tão antigo. Os sepultadores claramente têm um grau de sofrimento ao ter de cumprimentar a morte diariamente.

E, afinal, os agentes da morte, os sepultadores, não são pagos pelo governo para filtrar esse mal-estar para todos nós? Não são os responsáveis por carregar esse fardo que nos incomoda a todos? Ao que parece, esse é o papel que atribuímos a eles, que moram junto dos mortos, em sua cidade, cheia de ruas segredos e histórias não compartilhados conosco. O cemitério, esse espaço dúbio, ora tido como sombrio, ora como pacífico; como amedrontador e como refúgio das almas, é a testemunha e o comparsa que estabelece um pacto de cumplicidade com os sepultadores e com os sepultados; pacto que mantém a sociedade alheia aos pormenores da morte, através do contrato do silêncio.

Portanto, parece que quem vislumbra e se defronta com o rosto envelhecido da morte precisa estabelecer atitudes e vínculos diferenciados do restante da população, contraindo uma marca, tal qual um batismo ou uma tatuagem, algo definitivo, que registra eternamente o encontro com a "marvada". Esse registro, embora expresso nas falas dos sepultadores, é uma linguagem própria, cuja simbologia não é aberta ao grande público, no qual esta pesquisadora se encontra.

O que fica, portanto, em termos de resultado e de compreensão desse universo, é que os sepultadores parecem aos outros e a si mesmos diferenciados da maioria da população, pois sabem que possuem um trabalho evitado, repleto de um imaginário denso, que os torna, ao mesmo tempo, discriminados, mas também poderosos, por terem estabelecido uma relação especial com a morte, que a nós é incompreensível e amedrontadora. Infelizmente, como já supúnhamos, o custo emocional da manutenção diária desse relacionamento íntimo mostrou-se, nessa pesquisa, alto.

Depois de fitar a cara da morte através da compreensão de um imaginário vasto, o trabalho deixa muitos campos de estudo em aberto. A questão do uso de álcool por parte dos sepultadores merece mais atenção e pesquisa, pois parece ser grave não apenas para eles, mas com consequências para o governo e para a toda a sociedade, já que sepultar é uma profissão pública. Cuidar dos mortos exige uma grande salubridade e resistência, psicológica, como já apontada, e física, por conta da alta exposição à contaminação.

A dissertação toca apenas brevemente no imaginário contemporâneo ligado à morte, deixando também esse vasto campo de estudo, muito investigado por autores clássicos e já aqui citados, como Ernest Becker e Norbert Elias. Para além dos mecanismos de defesa e da muito comentada negação, podem-se investigar também elementos mais concretos dos rituais e costumes de morte do mundo secularizado, passando pelos novos movimentos religiosos, que parecem atribuir à morte uma leveza, ligada à libertação cármica, final de ciclo e renovação, imagens demasiadamente distantes da realidade do sepultador paulistano.

Por fim, leitor, deixo-o com a imagem que foi possível construir, por meio da breve troca de olhares que aqui tivemos com aquele velho e sábio rosto. Deixo-o com um pedacinho da cara dessa rainha, o filão que lhe coube ao entardecer da jornada. Despeço-me segura de que está na companhia de um olhar instigante, que certamente deve prender sua atenção ainda por muitos anos.

# REFERÊNCIAS BIBLIOGRÁFICAS

## Livros, teses, dissertações, artigos em periódicos

ALIGHIERI, Dante. *A Divina Comédia*. São Paulo: Círculo do Livro, 1994 (1321).

ALMEIDA, Ronaldo de. "Religião na metrópole paulista", in: *Rev. bras. Ci. Soc.*, São Paulo, v. 19, n. 56, 2004.

ALMEIDA, Ronaldo de; MONTEIRO, Paula. Trânsito religioso no Brasil, in: *São Paulo Perspec.*, São Paulo, v. 15, n. 3, 2001.

ANDRADE, Flavio F. A.; BORTOLOZZO, Nilza; FELICIONI, Fernanda. *A ameaça dos mortos. Cemitérios põem em risco a qualidade das águas subterrâneas.* Jundiaí, SP: Maxprint, 2007.

ANTONIAZZI, Alberto. "As Religiões no Brasil Segundo o Censo de 2000", in: *Rever*, São Paulo, n. 2, 2003, p. 75-80.

ARIÈS, Philippe. *História Social da Criança e da Família.* Rio de Janeiro: Guanabara, 1986.

_____. *Sobre a História da Morte no Ocidente: da Idade Média aos Nossos Dias.* Rio de Janeiro: Ediouro, 2003.

ARIÈS, Philippe; CHARTIER, Roger. *História da vida privada*: da Renascença ao Século das Luzes, vol. 3. São Paulo: Companhia das Letras, 1991.

AUBERT, Jean-Marie. *E depois... vida ou nada?* Ensaio sobre o além. São Paulo: Paulus, 1995.

BARDI, Pietro Maria. *Pequena História da Arte.* São Paulo: Melhoramentos, 1993.

BAYARD, Jean-Pierre. *Sentido oculto dos ritos mortuários: morrer é morrer?* São Paulo: Paulus, 1996.

*Bíblia Sagrada.* XI edição. São Paulo: Paulinas, 1983.

BECKER, Ernest. *A Negação da Morte.* Rio de Janeiro: Record, 2007.

BITTENCOURT FILHO, José. *Matriz religiosa brasileira. Religiosidade e mudança social.* Petrópolis: Vozes, 2003.

BOBSIN, Oneide. "Tendências religiosas e transversalidade: hipóteses sobre a transgressão de fronteiras", in: *Estudos Teológicos*, vol. 39, n. 2, 1999.

BORGES, Jorge Luis. *Borges em diálogo: conversas de Jorge Luis Borges com Osvaldo Ferrari.* Tradução de Eliane Zagury. Rio de Janeiro: Rocco, 1986.

BOSNAK, Robert. *Sonhos de um paciente com AIDS.* São Paulo: Paulinas, 1993.

BRANDÃO, Junito de Souza. *Dicionário Mítico-Etimológico*, vol. 2. Petrópolis: Vozes, 2000.

_____. *Mitologia Grega.* Rio de Janeiro: Vozes, 4ª. ed., v.1-2, 1988.

BRITO, Ênio José da Costa. "Catolicismo e neoliberalismo". Apresentado na mesa redonda MR08 das *VIII Jornadas sobre Alternativas Religiosas na América Latina.* São Paulo, 22 a 25 de setembro de 1998.

BULFINCH, T. *O Livro de ouro da Mitologia: a idade da fábula; história de deuses e heróis*, 12ª. ed. Rio de Janeiro: Ediouro, 2000.

CALDEIRA, Jorge et. al. *História do Brasil*. São Paulo: Companhia das Letras, 1997.

CARROL, Lewis. *Alice no País das Maravilhas: através do Espelho*. Edição Comentada. São Paulo: Jorge Zahar, 2002.

CASTORIADIS, Cornelius. *A Instituição Imaginária da Sociedade*. São Paulo: Paz e Terra, 1998.

CERVANTES SAAVEDRA, Miguel de. *O engenhoso fidalgo D. Quixote de La Mancha*. Tradução de Sérgio Molina. São Paulo: Editora 34, 2002.

CHARLES, Y.; BELLAH, Robert (orgs.). *The new religious consciousness*. California Press, 1976.

CHEVALIER, Jean; GHEERBRANT, Alain. *Dicionário de Símbolos*: *mitos, sonhos, costumes, gestos, formas, figuras, cores, números*, 20ª. ed. Rio de Janeiro: José Olympio, 2006.

CLARK, Kenneth. *Paisagem na arte*, 2ª ed. Lisboa: Ulisseia, 1949.

COE, Agostinho Júnior Holanda. *A morte e os mortos na sociedade ludovicense (1825-1855)*. TCC em História. Universidade Estadual do Maranhão, São Luís, 2005.

_____. "Nós, os ossos que aqui estamos pelos vossos esperamos: o século XIX e as atitudes diante da morte e dos mortos", in: *Outros Tempos*, UEMA, Maranhão, vol. 2, 2005, p. 97-111.

CORREA, O. M. "Antropologia da Morte", in: *Revista Último Andar*, ano 6, n. 8, São Paulo, 2003, p. 45-63.

COUTO, Jorge. *A Construção do Brasil: ameríndios, portugueses e africanos, do início do povoamento a finais de quinhentos*. Lisboa: Edições Cosmos, 1995.

CRAPANZANO, Vincent. "Horizontes imaginativos e o aquém e além", in: *Rev. Antropol.,* v. 48, n.1. São Paulo, 2005, p. 363-384. Disponível em: http://scielo.br. Acesso em 10/10/06.

DAMATTA, Roberto. *A casa e a rua: espaço, cidadania, mulher e morte no Brasil.* Rio de Janeiro: Rocco, 1997.

_____. "Individualidade e liminaridade: considerações sobre os ritos de passagem e a modernidade", in: *Mana.* Abr. 2000, vol. 6, n.1, p. 7-29. Disponível em: http//:scielo.br.

DANTAS, Paulo. *Estórias e Lendas do Norte e Nordeste,* 2ª edição. São Paulo: EDIGRAF, s.d.

DEBRET, Jean Baptiste. *Viagem pitoresca e histórica ao Brasil.* EDUSP, 1989.

DE FRANCO, Clarissa. "A crise criativa no morrer: a morte passa apressada na pós-modernidade", in: *Kairós,* vol. 10, n. 1. São Paulo: PUC/SP, junho 2007, p. 109-120.

DELANEY, Gayle. *O livro de ouro dos sonhos: o real significado dos sonhos e como interpretá-los.* Rio de Janeiro: Ediouro, 2001.

DELUMEAU, Jean. Entrevista para *Jornal do Brasil.* Caderno Ideias. São Paulo, 19 jun. 2004.

_____. Entrevista para *O Globo online.* Caderno Prosa & Verso. 14 ago. 2004.

_____. *História do medo no Ocidente: 1300-1800, uma cidade sitiada.* São Paulo: Companhia das Letras, 1999.

_____. *O pecado e o medo: a culpabilização do Ocidente,* vols. 1 e 2. Bauru, SP: EDUSC, 2003.

DEUS, Paulo Roberto Soares de. "Paraísos Medievais: esboço para uma tipologia dos lugares de recompensa dos justos no final da Idade Média", in: *Mirabilia 4,* Revista Eletrônica de

História Antiga e Medieval, Journal of Ancient and Medieval History. Dezembro, 2004. *Diagnóstico da situação de violência*. Distrito Brasilândia. Projeto São Paulo em Paz. Instituto Sou da Paz, Prefeitura da Cidade de São Paulo. Disponível em: http:// www.soudapaz.org/download/brasil%C3%A2ndia.pdf, p. 2. Acesso 11/07.

DITTMAR, W. H. *Um estudo sobre a prevalência de distúrbios psiquiátricos entre os sepultadores do serviço funerário do município de São Paulo*. São Paulo, 1991, 141 p. Dissertação (Mestrado) – Faculdade de Medicina, Universidade de São Paulo.

DROOGERS, André. "A religiosidade mínima brasileira", in: *Religião e Sociedade*, v. 14/2. Rio de Janeiro, 1987, p. 63-86.

DUARTE, Milene Araújo Moreira. *Um Lugar de Descanso*: Arte Tumular no Cemitério da Consolação, São Paulo. Texto publicado no site: http://www.dezenovevinte.net/arte%20decorativa/ ad_cemiterio_mamd.htm. Acesso em 11/07.

DURAND, Gilbert. *As estruturas antropológicas do imaginário*. São Paulo: Martins Fontes, 1997.

ELIADE, Mircea. *O sagrado e o profano: a essência das religiões*. São Paulo: Martins Fontes, 1992.

ELIAS, Ana Catarina Tavares de Araújo. *Programa de treinamento sobre intervenção terapêutica relaxamento, imagens mentais e espiritualidade (RIME) para re-significar a dor espiritual pacientes terminais*. Tese de doutorado em Medicina, UNICAMP, Campinas, 2005, 627 p.

ELIAS, Norbert. *A solidão dos moribundos: seguido de envelhecer e morrer*. Rio de Janeiro: Jorge Zahar, 2001.

\_\_\_\_\_. *O processo civilizador: formação do estado e civilização*, vol. 1. Rio de Janeiro: Jorge Zahar, 1993.

ENGLER, Steven. *A morte e o pós-morte nas religiões do mundo*. Palestra, Casa do Saber, SP, 31 de julho de 2007.

FRANCO, Hilário Jr. *A Eva barbada: ensaios de mitologia medieval*. São Paulo, EDUSP, 1996.

FREYRE, Gilberto (1933). *Casa-Grande & Senzala: formação da família brasileira sob o regime da economia patriarcal*. São Paulo: Círculo do Livro, 1980.

FELIPPE, C. "O Egito que revivia os mortos", in: *Revista das Religiões*, agosto, 2003, p. 40-45.

FERREIRA, Izabel Maria da Cunha. *A morte em quatro narrativas brasileiras da segunda metade do século XX*. Porto: Universidade do Porto, 2006. 179 p. Tese de Mestrado em Literaturas Românicas.

FEUERBACH, Ludwig Andréas. *Thoughts on death and immortality*. University of California Press, 1980 (1830).

FOUCAULT, Michael. "A política de saúde no século XVIII", in: *Microfísica do poder*. Rio de Janeiro: Graal, 2000.

FRANCISCO, Cícera Rosilene; BASTOS, Yuriallis Fernandes. "Cultos e memória dos mortos nas análises de Gilberto Freyre", in: *Caos*, Revista Eletrônica de Ciências Sociais, n. 2. João Pessoa, nov. 2000.

FRAYZE-PEREIRA, João A. "Nise da Silveira: imagens do inconsciente entre psicologia, arte e política", in: *Estud. av.*, v. 17, n. 49. São Paulo,2003.

FREY-ROHN, Liliane; JAFFÉ, Aniela; VON FRANZ, Marie-Louise. *A morte à luz da Psicologia*. São Paulo: Cultrix, 1999.

FROIDMONT, Hélinand de. *Os Versos da Morte*. São Paulo: Ateliê Editorial, 1986.

GLÍCIA, Caldas. "A magia do feitiço: apropriações africanas no Brasil Colônia", in: Revista Eletrônica *Acolhendo a Al-*

*fabetização nos Países de Língua Portuguesa*, ISSN: 1980-7686, ano I, n. 1.

GOMBRICH, E. H. *História da Arte*. Rio de Janeiro: Guanabara, 1988.

GONÇALVES, Antônio Custódio. "Religião e tensões entre finitude e infinitude". In: RAMOS, Luis A. de Oliveira (org.) *Estudos em homenagem a João Francisco Marques*. Faculdade de Letras da Universidade do Porto: Portugal, s. d.

GROESBECK, C. J. "A Imagem Arquetípica do Médico Ferido", in: *Junguiana*: Revista da Sociedade Brasileira de Psicologia Analítica, 1: 72-96, 1983.

GROF, Christina; GROF, Stanislav. *Além da Morte*. Madri: Edições Del Prado, s. d.

HEIDEGGER, Martin. *O ser e o tempo*. Petrópolis: Vozes, 2001.

HESÍODO. *Teogonia: a origem dos deuses*. Trad. J. A. A. Torrano. São Paulo: Iluminuras, 1991.

"Investigando gênero e organização social no espaço ritual e funerário marajoara". *XII Congresso da Sociedade de Arqueologia Brasileira*, São Paulo, 21-25/09/2003. Simpósio: Arqueologia Funerária.

JAFFÉ, Aniela; VON FRANZ, Marie-Louise. *A morte à luz da Psicologia*. São Paulo: Cultrix, 1999.

JUNG, Carl Gustav; VON FRANZ, Marie-Louise. *O Homem e seus Símbolos*. Rio de Janeiro: Nova Fronteira, 1993.

KOSHIYAMA, A. M. *Análise do conteúdo da Literatura de Cordel. Presença dos valores religiosos*. São Paulo: Universidade de São Paulo, 1972.

KOVÁCS, Maria Júlia. *Morte e Desenvolvimento Humano*. São Paulo: Casa do Psicólogo, 1992.

LACOSTA, Jean-Yves. Dicionário Crítico de Teologia. São Paulo: Loyola, 2004, p. 1472.

LAPLANTINE, François; TRINDADE, Liana. *O que é Imaginário.* São Paulo: Brasiliense, 2003.

LE GOFF, Jacques; SCHMITT, Jean-Claude (coord.). *Dicionário Temático do Ocidente Medieval.* São Paulo: EDUSC/ Imprensa Oficial do Estado, 2 vols, 2002.

LE GOFF, Jacques. *A bolsa e a vida:* usura na idade Média. São Paulo: Brasiliense, 1989.

_____. "Documento/Monumento", in: *Enciclopédia Einaudi,* vol. 1, Memória, História. Lisboa: Imprensa Nacional, Casa da Moeda, 1983.

_____. *O Homem Medieval.* Lisboa: Editorial Presença, 1989.

_____. *O imaginário medieval.* Lisboa: Estampa, 1994.

_____. *O nascimento do purgatório.* Lisboa: Editorial Estampa, 1981.

_____. *Para um novo conceito de Idade Média.* Lisboa: Estampa, 1985.

LEITE, Therezinha Moreira. "A perspectiva de tempo no sonho" in: *Cienc. Cult.,* vol. 54, n. 2, Oct./Dec. 2002, p. 29-30.

LEROI-GOURHAN, André. *As religiões da pré-história.* Lisboa: Edições 70, 2001.

LÉRY, Jean de. *Viagem à Terra do Brasil.* Belo Horizonte: Itatiaia, 1980.

LORICCHIO, J. Demétrio. *Um tratado da vida: a morte súbita da morte.* São Paulo: Mundo Maior, 2005.

LOUREIRO, Maria Amélia Salgado. *Origem Histórica dos Cemitérios.* São Paulo: Secretaria de Serviços e Obras, 1977.

LUCCOCK, John. *Notas sobre o Rio de Janeiro.* EDUSP, 1975.

LUKESCH. *Mito e Vida dos Índios Caiapós.* São Paulo: Pioneira, 1976.

MARANHÃO, José Luis Souza. *O que é morte.* São Paulo: Brasiliense, 1992.

MARTINS, J. S. "Anotações do meu caderno de campo sobre a cultura funerária no Brasil", in: OLIVEIRA, M. F. & CALLIA, M. H. P. (orgs.) *Reflexão sobre a morte no Brasil.* São Paulo: Paulus, 2005. Moitará, p. 73-91.

MARTINS, M. M. "A questão do tempo para Norbert Elias: reflexões atuais sobre tempo, subjetividade e interdisciplinaridade", in: *Revista de Psicologia Social e Institucional,* v. 2, n. 1. Universidade Estadual de Londrina, Londrina, 2000.

MATORY, J. Lorand. "Jeje: repensando nações e transnacionalismo", in: *Mana,* v. 5, n. 1. Rio de Janeiro, 1999.

MEIRELES, Cecília. *Mar Absoluto e outros poemas: Retrato Natural.* Rio de Janeiro: Nova Fronteira, 1983.

_____. Trecho da poesia: "Reparei que a poeira se misturava às nuvens", in: SECCHIN, Antonio Carlos (org.). Cecília Meireles. Poesia Completa. Rio de Janeiro: Nova Fronteira, 2001.

MENDONÇA, Jeová Rocha de. "O Retrato de Dorian Gray ou O Retrato de Oscar Wilde? Questões sobre a Poética do Duplo e Biografismo", in: *Conceitos,* v. 4, n. 6. João Pessoa, jul./dez. 2001.

"Morreu de quê?!", in: *Superinteressante,* dezembro, 2005.

MORIN, E. *O Homem e a Morte.* Rio de Janeiro: Imago, 1997.

MONTEIRO, Walcyr. *Visagens e assombrações de Belém.* Belém: Paka-Tatu, 2003, p. 79-91.

*Novo Dicionário Aurélio da Língua Portuguesa*, 2ª ed. Rio de Janeiro: Nova Fronteira, 1986.

OLIVEIRA, C. B.; PINTO, R. N. Envelhecimento, exclusão e morte: resenha do livro *A solidão dos moribundos*... de Norbert Elias, in *Revista da Universidade Federal de Goiás*, ano 5, v. 2. Goiás, 2003, p. 40-41.

OLIVEIRA, José Henrique Motta. "Catolicismo: uma religião obrigatória", *Usos do Passado*, XII Encontro Regional de História ANPUH-RJ, 2006.

OTTEN, Alexandre H. *Só Deus é grande. A mensagem religiosa de Antonio Conselheiro*. São Paulo: Loyola, 1990, p. 95.

OTTO, Rudolf. *O Sagrado*. Lisboa: Edições 70, 1992.

PEINADO, Federico Lara. *O melhor da arte egípcia 1*. Lisboa: G&Z, s. d.

PORTELA, Patrícia de Oliveira. *Apresentação de trabalhos acadêmicos de acordo com as normas de documentação da ABNT: informações básicas*. Biblioteca Central da UNIUBE, Uberaba, MG, 2005.

PRANDI, Reginaldo. *Segredos Guardados*. São Paulo: Companhia das Letras, 2005.

RAIMBAULT, G. *A criança e a morte*. Rio de Janeiro: Francisco Alves, 1979.

LLULL, Ramon. *Doutrina para crianças*. 1274-1276. Tradução Ricardo Costa. UFES, ES, s. d. Disponível em: http://www.ricardocosta.com.

RAMOS, Denise Gimenez. "A vivência simbólica no desenvolvimento da consciência", in: BRITO, Ênio José da Costa; GORGULHO, Gilberto Silva; RAMOS, Denise Gimenez; VALLE, João Edênio Reis et. al. Religião ano 2000. São Paulo: Loyola, 1998, p. 64.

REIS, João José. *A morte é uma festa: ritos fúnebres e revolta popular no Brasil do século XIX*. São Paulo: Companhia das Letras, 1991.

RIBEIRO, Renato Janine. "O trote como sintoma: a dor de lidar com a dor alheia", in: *Interface: comunicação, saúde e educação,* n. 3, vol. 4, 1999, p. 153-160. Versão online.

RODRIGUES, Cláudia. *Lugares dos mortos na cidade dos vivos: tradições e transformações fúnebres no Rio de Janeiro*. Rio de Janeiro: Secretaria Municipal da Cultura, Departamento Geral de Documentação e Informação Cultural, Divisão de Editoração, 1997.

_____. *Nas fronteiras do além: a secularização da morte no Rio de Janeiro dos séculos XVIII e XIX*. Rio de Janeiro: Arquivo Nacional, 2005.

RODRIGUES, José Carlos. *O tabu da morte*. Rio de Janeiro: Achiamé, 1983.

ROUSSEAU, Jean-Jacques. *Discurso sobre a origem e os fundamentos da desigualdade entre os homens*. São Paulo: Editora Ática, 1989.

ROTHENBERG, Rose-Emily. *A Joia na Ferida*. São Paulo: Paulus, 2004.

SANTOS, Acácio Sidinei dos. *A dimensão africana da morte resgatada nas irmandades negras, candomblé e culto de Babá Egun*. Tese de Mestrado em Ciências Sociais. PUC/SP, 1996.

SANTOS, Gisele Cunha. "Celebrações do cinquentenário da independência: a inauguração da estátua de José Bonifácio", in: *Revista Eletrônica Jovem Museologia,* Estudos sobre Museus, Museologia e Patrimônio, ano 1, n. 1, janeiro de 2006.

SANTOS, Juana Elbein dos. *Os nagô e a morte*. Petrópolis: Vozes, 1984.

SANTOS, Marcos Guimarães. "O Canibalismo como peça fundamental para demonização do Índio", in: *Combates e Debates,* n. 1, revista digital do curso de História, Faculdades Integradas Simonsen, Rio de Janeiro, 2007. http://www.simonsen.br/novo/revistadigital/canibalismo.pdf. Acesso em 11/07.

SARAMAGO, J. *As intermitências da morte.* São Paulo: Companhia das Letras, 2005.

SCHMITT, Jean-Claude. *Os vivos e os mortos na sociedade medieval.* São Paulo: Companhia das Letras, 1999.

SEVERINO, Antônio Joaquim. *Metodologia do Trabalho Científico.* São Paulo: Cortez, 2002.

SILVA, Érika Amorim da. *O Cotidiano da Morte e a Secularização dos Cemitérios em Belém na Segunda Metade do Século XIX* (1850-1891). Dissertação de Mestrado em História. São Paulo: PUC/SP, 2005, 235 p.

SILVA, João José da. *O Homem do Além.* s.d. (Folheto de Cordel.)

SILVA JÚNIOR, Otoniel Fernandes da. "Por uma Geografia do Imaginário: percorrendo o labiríntico mundo do imaginário em uma perspectiva geográfica cultural", in: *Labirinto,* Revista Eletrônica do Centro de Estudos do Imaginário, ano 1, n. 3. Universidade Federal de Rondônia, out/dez. 2001.

SILVEIRA, Nise. *Imagens do inconsciente.* Rio de Janeiro, Alhambra, 1981.

_____. *O Mundo das Imagens.* São Paulo: Ática, 2001.

STADEN, Hans. *Duas viagens ao Brasil.* São Paulo: Edusp, 1974.

STANISLAV, Grof. *Além da Morte.* Lisboa: Edições Del Prado, s. d.

TAVARES, Pedro Vilas Boas. Hora e Imagens da Morte na Pastoral Missionária. Os brados do Bispo de Cabo Verde, D. Frei José de Santa Maria de Jesus (1731). Os últimos fins na cultura ibérica (XV-XVIII), in: *Revista da Faculdade de letras, línguas e literatura*, ano VIII, Porto, 1997, p. 237-255. Disponível em: http://ler.letras.up.pt/uploads/ficheiros/artigo5791.pdf. Acesso em 17/12/06.

TEIXEIRA, Ivan. "Literatura como imaginário: Introdução ao conceito de poética cultural", in: *Revista Brasileira*. Rio de Janeiro, fase VII, ano IX, 2003.

TERRIN, Aldo Natale. *Nova Era: a religiosidade do pós-moderno*. São Paulo: Loyola, 1996.

TORRES, W. da C. *A criança diante da morte:* desafios. São Paulo: Casa do Psicólogo, 1999.

TURNER, Victor. *O processo ritual: estrutura e anti-estrutura*. Petrópolis: Vozes, 1974.

VALLE, João Edênio dos Reis. *Psicologia e experiência religiosa*. São Paulo: Loyola, 1998.

VAN GENNEP, Arnold. *Os ritos de passagem*. Petrópolis: Vozes, 1978.

VEIGA, Juracilda. Cosmologia Kaingang e suas práticas rituais. *XXIV Encontro Anual da Anpocs*, GT 04, Etnologia Indígena, Sessão 2, Petrópolis, 2000.

VENANCIO, Renato Pinto. "Os escravos e a morte: uma sondagem nos registros paroquiais de óbitos de Minas Gerais colonial". *XI Encontro Nacional de Estudos Populacionais,* ABEP, 1998.

VIERTLER, Renate Brigitte. *A refeição das almas. Uma interpretação etnológica do funeral dos índios Bororo – Mato Grosso*. São Paulo: Hucitec, 1991.

VILHENA, Maria Angela. "Os Mortos estão Vivos: traços da religiosidade brasileira", in: *Rever*, n. 3, ano 4. São Paulo, 2004.

VIRGILIO. *Eneida*. Século I a.c. São Paulo: Ateliê Editorial, 2005.

VON FRANZ, Marie-Louise. *Os sonhos e a morte: uma interpretação junguiana*. São Paulo: Cultrix, 1990.

WHITE, Jon Manchip. *O Egito Antigo*. Rio de Janeiro: Zahar, 1966.

ZIERER, Adriana. "Viagens ao Além e sua Difusão em Portugal no Final da Idade Média", in: *Atas da IV Semana de Estudos Medievais*. Rio de Janeiro: Universidade Federal do Rio de Janeiro, 2001, p. 329-335.

_____. "Literatura e imaginário: fontes literárias e concepções acerca do Além Medieval nos séculos XII e XIII", in: *Outros tempos,* v. 1. UEMA, Maranhão, 2004.

_____. "Paraíso versus Inferno: a visão de Túndalo e a viagem medieval em busca da salvação da alma (século XII)", in: *Mirabilia 2,* Revista Eletrônica de História Antiga e Medieval Journal of Ancient and Medieval History, dez. 2002.

WILDE, Oscar. *O retrato de Dorian Gray*. Rio de Janeiro: Ediouro, 2006.

WOODFORD, Susan. *Grécia e Roma*. São Paulo: Círculo do Livro, 1987.

**Filmes e imagens**

*A imagem da morte no Japão*. DVD. PUCSP, 299.

*A serena morte de Santa Elisabeth da Turíngia (1207-1231)*. Biblioteca Nacional da França. Disponível em: www.ricardocosta.com. Acesso em 12/11/07.

BALDUNG GRIEN, Hans. *A Mulher e a Morte*. s.d. Disponível em: www.casthalia.com.br. Acesso em 04/07.

_____. *O Cavaleiro, a Jovem e a Morte*. s.d. Disponível em: www.casthalia.com.br. Acesso em 04/07.

BLAKE, William. *Dante e Virgílio diante do portal do Inferno*. (Para *A Divina Comédia*. Canto III, século XVIII.) Disponível em: www.bocadoinferno.com. Acesso em 22/08/06.

BOUGUEREAU, William-Adolphe. *O Remorso do Orestes* ou *Orestes Perseguido pelas Fúrias*, 1862. Disponível em: www.softassteel.com. Acesso em 07/07.

BUONARROTI, Michelangelo. *Last Judgment* (detalhe), 1537-41. Disponível em: www.evergreen.loyola.edu. Acesso em 04/07

COINCY, Gautier de. *A morte do Usurário e do Mendigo*. (1177-1236). Disponível em: www.ricardocosta.com. Acesso em 12/112/07.

Detalhe do túmulo do coronel Francisco Schmidt, que viveu entre 1850 e 1924. Cemitério da Consolação, SP. Disponível em: www.beatrix.pro.br. Acesso em 11/08.

Dolmen do Sangrino, Penela da Beira, Portugal, Período Neolítico. Disponível em: cosmos.oninetspeed.pt/.../fotosPenela.htm. Acesso em 12/07.

FRA ANGÉLICO. *O Juízo Final*. Detalhe do Inferno (c.1432-1435). In: Paraíso versus Inferno: a visão de Túndalo e a viagem medieval em busca da salvação da alma (século XII). *Mirabilia 2*, Revista Eletrônica de História Antiga e Medieval Journal of Ancient and Medieval History, dez. 2002.

GIL, José Benlliure. *A Barca de Caronte*, 1932. Disponível em: spacemelato.blogspot.com. Acesso em 02/07

*Jardim do Éden* (1410). In: CLARK, Kenneth. *Paisagem na arte*, 2. ed. Lisboa: Ulisseia, 1949.

MATOS, A. Bolívar. Extravasamento de necrochorume. Cemitério Vila Nova Cachoeirinha. Universidade de São Paulo. Instituto de Geociências. Departamento de Geologia Sedimentar e Ambiental. Disponível em: http://www.igc.usp.br/subsites/cemiterios/cemit.php. Acesso em 11/07.

MUNCH, Edvard. *A agonia da morte*. Disponível em: www.edvardmunch.info. Acesso em 04/07.

_____. *Death and the maiden*, 1984. Disponível em: www.edvardmunch.info. Acesso em 04/07.

_____. *O Grito*, 1893. Disponível em: www.edvardmunch.info. Acesso em 04/07.

*O homem em seu leito de morte* (c. 1470), in: *A Arte de Bem Morrer*. Xilogravura. Disponível em www.ricardocosta.com. Acesso em 12/11/07.

OLIANI, Alfredo. *O Último Adeus. Cemitério São Paulo*, SP. Disponível em: www.beatrix.pro.br. Acesso em 11/08.

PISANELLO. 1436-1438. Disponível em: http://pt.wikipedia.org. Acesso em 23/04/07.

"Representação do relato 'Noivado sobrenatural'", in: MONTEIRO, Walcyr. *Visagens e assombrações de Belém*. Belém: Paka-Tatu, 2003

ROLLO, Nicolla. *Lenda Grega*. Cemitério da Consolação, SP. Disponível em: www.beatrix.pro.br. Acesso em 11/08.

RUGENDAS, Johaan-Moritz. *Desembarque de Escravos Negros vindos da África*. Biblioteca Municipal, SP. Disponível em: www.vitruvius.com.br. Acesso em 11/08.

"Samsara, ciclo de vidas: a transmigração da lama", in: *The Bhaktivedanta Book Trust International, Inc.* Disponível em: www.mahabaratha.vilabol.uol.com.br. Acesso em 10/07.

STADEN, Hans. *Antropofagia no Brasil em 1557*. In: STADEN, Hans. *Duas viagens ao Brasil*. São Paulo: Edusp, 1974, 218 p. il.

*Sexto Sentido*, 1999. Filme dirigido por M. Night Shyamalan.

TIZIANO. *Sísifo*. 1548/1549. Disponível em: www.commons.wikimedia.org. Acesso em 12/06.

VON STUCK, Franz. *Sisifo*, 1920. Disponível em: www.aartedepensar.com. Acesso em 12/06.

**Sites**

http://aameacadosmortos.blogspot.com/. Acesso em 12/07.
www.aartedepensar.com. Acesso em 12/06.
www.beatrix.pro.br. Acesso em 11/08.
www.bocadoinferno.com. Acesso em 22/08/06.
www.casthalia.com.br. Acesso em 04/07.
http://www.ceismael.com.br/tema/tema050.htm. Acesso em 24/04/07.
www.commons.wikimedia.org. Acesso em 12/06.
cosmos.oninetspeed.pt/.../fotosPenela.htm. Acesso em 12/07.
http://www.cristovaotezza.com.br/critica/trabalhos_acd/dissertacao_isabel_ferreira.pdf. Aceso em 11/07.
http://www.dezenovevinte.net/arte%20decorativa/ad_cemiterio_mamd.htm. Acesso em 11/07.
www.edvardmunch.info. Acesso em 04/07.
www.evergreen.loyola.edu. Acesso em 04/07.
http://www.igc.usp.br/subsites/cemiterios/cemit.php. Acesso em 12/07.
http://ler.letras.up.pt/uploads/ficheiros/artigo5791.pdf. Acesso em 17/12/06.

www.mahabaratha.vilabol.uol.com.br. Acesso em 10/07.
http://pt.wikipedia.org. Acesso em 23/04/07.
http://www.releituras.com/cmeireles_bio.asp. Acesso em 15/07/06.
www.ricardocosta.com. Acesso em 12/11/07.
http://scielo.br. Vários acessos.
http://www.simonsen.br/novo/revistadigital/canibalismo.pdf. Acesso em 11/07.
www.softassteel.com. Acesso em 07/07.
http://www.soudapaz.org/download/brasil%C3%A2ndia.pdf. Acesso em 11/07.
spacemelato.blogspot.com. Acesso em 02/07.
www.vitruvius.com.br. Acesso em 11/08.
www.wga.hu. Vários acessos.

# ANEXOS

## ANEXO 1

As Danças Macabras

Michael Wolgemut, Dança da morte. [270]

---

[270] Gravura em madeira, 1493. Web Gallery of Art – www.wga.hu. Acesso em 10/10/06. Note-se na imagem o clima festivo, que indica que a morte triunfa, refastela-se, dança no território que seria ocupado pela vida.

Lubeck, The dance of death in Tallinn (detalhe) [271]

---

[271] Niguliste Museum, 1463. A imagem sugere que esqueletos estão convidando figuras da nobreza para dançar, uma analogia à universalidade da morte.

# ANEXO 2

## O Macabro e o Erótico

Hans Baldung Grien, A Mulher e a Morte [272, 273]

---

[272] Disponível em: www.casthalia.com.br. Acesso em 04/07.
[273] BALDUNG GRIEN, Hans. *O Cavaleiro, a Jovem e a Morte*, s.d. Disponível em: www.casthalia.com.br. Acesso em 04/07.

As imagens do século XVI trazem o apelo de temas em que o erótico se mistura ao macabro, mostrando uma profanação da morte, na qual esta passa a "violar" o vivo. Para Philippe Ariès (2003, p. 44), elas anunciam "uma complacência extrema com os espetáculos da morte, do sofrimento, dos suplícios", já dando início à fase romântica da morte ("morte do outro"). Na mesma página do texto, o autor conclui: "Tal como o ato sexual, a morte é cada vez mais considerada, a partir de então, como uma transgressão que arranca o homem à sua vida cotidiana, à sua sociedade racional, ao seu trabalho monótono, para o submeter a um paroxismo e o lançar então a um mundo irracional, violento e cruel. Tal como o ato sexual para Marquês de Sade, a morte é uma ruptura".

# ANEXO 3

**Macabro e erótico. Um exemplo mais recente**

Edvard Munch, Death and the maiden, 1984[274]

---

[274] Disponível em: www.edvardmunch.info. Acesso em 04/07.

ÍNDICE

Introdução ............................................................. 7
Uma reflexão sobre a morte ................................. 14

1. **Imaginário de morte na antiguidade clássica:**
**matrizes arquetípicas de significados** ............ 27
1.1. Imagem e Imaginário ................................. 27
1.2. O mundo de lá: o Além e o Limiar ............ 34
1.3. Os primórdios das representações da morte:
rabiscos e marcos ...................................... 46
1.4. A Antiguidade clássica: mitos e templos ..... 53
1.4.1. O Egito Antigo ................................. 53
1.4.2. Os greco-romanos ............................ 60
1.5. Algumas curiosidades de outros
povos sobre sua relação com a morte ........ 71
1.6. Reflexões conclusivas do capítulo ............. 75

2. **Imaginário cristão de morte:**
**A luta pela salvação da alma** ....................... 77
2.1. O Além cristão medieval, o medo e o Juízo Final ........ 77
2.2. A morte no leito ....................................... 95

2.3. XVIII e XIX: a lamentação romântica, a morte
secularizando-se e a importância dos cemitérios ........ 104
2.4. – Reflexões conclusivas do capítulo ........................ 117

3. **A morte na cultura brasileira:
Transpondo imaginários** ............................................. 121
3.1. O imaginário indígena brasileiro de morte:
breves considerações ................................................ 121
3.2. Africanos: imaginário ressignificado no contexto
do Brasil colônia ..................................................... 130
3.3. Religiosidade popular brasileira: matrizes,
mitos e vivências cotidianas em diálogo .................. 144
3.4. Cemitérios de São Paulo: algumas considerações
e a escolha do campo .............................................. 154
3.5. Reflexões conclusivas do capítulo ........................... 165

4. **Imaginário do sepultador: relatos, causos e sonhos** ...... 169
4.1. O sepultador diante de seu papel social:
eu, a morte e o outro .............................................. 169
4.2. O sepultador e sua religiosidade .......................... 184
4.3. O cemitério e seus causos: espaço sagrado e profano ...... 198
4.4. O inconsciente simbolizando a morte:
alguns sonhos e relatos ........................................... 208
4.5. Reflexões conclusivas do capítulo ........................... 229

**Considerações finais** ...................................................... 233
**Referências Bibliográficas** ............................................. 239
**Anexos** ........................................................................ 257

# ÍNDICE DE IMAGENS

**Capítulo 1**
Figura 1: A Barca de Caronte – 44
Figura 2: Dante e Virgílio diante do portal do Inferno – 46
Figura 3: Dólmen do Sangrino – 51
Figura 4: Samsara, ciclo de vidas: a transmigração da lama – 74

**Capítulo 2**
Figura 5: Jardim do Éden – 89
Figura 6: O Juízo Final. Detalhe do Inferno – 92
Figura 7: Last Judgment – 94
Figura 8: A serena morte de Santa Elisabeth da Turíngia – 101
Figura 9: O homem em seu leito de morte – 102
Figura 10: A morte do Usurário e do Mendigo – 103
Figura 11: Representação artística que denota tristeza
    e sacralidade (Cemitério do Bonfim, MG) – 115
Figura 12: O Último Adeus – 115
Figura 13: Detalhe do túmulo do coronel Francisco Schmidt,
    (Cemitério da Consolação, SP) – 116

**Capítulo 3**
Figura 14: Antropofagia no Brasil em 1557,
    segundo Hans Staden – 123

Figura 15: Extravasamento de necrochorume,
Cemitério Vila Nova Cachoeirinha – 161

**Capítulo 4:**
Figura 16: Mensagem escrita pelo sepultador – 183
Figura 17: A barca do sol – 217
Figura 18: A agonia da morte – 219
Figura 19: O Grito – 222

**Anexos**
Figura 20: Dança da morte – 257
Figura 21: The dance of death in Tallinn – 258
Figura 22: A Mulher e a Morte – 259
Figura 23: Death and the maiden – 260